BOW⚡E
UMA BIOGRAFIA

MARÍA HESSE   FRAN RUIZ

Tradução de SÉRGIO KARAM

Texto de acordo com a nova ortografia.
Título original: *Bowie: Una Biografía*

Tradução: Sérgio Karam
Capa e ilustrações: María Hesse
Preparação: Patrícia Yurgel
Revisão: Marianne Scholze

CIP-Brasil. Catalogação na publicação
Sindicato Nacional dos Editores de Livros, RJ.

H516b

Hesse, María, 1982-
  Bowie: uma biografia / María Hesse, Fran Ruiz; tradução Sérgio Karam. – 1. ed. – Porto Alegre [RS]: L&PM, 2023.
  168 p. : il. ; 23 cm.

  Tradução de: *Bowie: Una Biografía*
  ISBN 978-65-5666-464-4

  1. Bowie, David, 1947-2016. 2. Músicos de rock - Inglaterra - Biografia. I. Ruiz, Fran. II. Karam, Sérgio. III. Título.

23-86045   CDD: 784.092
                      CDU: 929:78.071.2

Meri Gleice Rodrigues de Souza - Bibliotecária - CRB-7/6439

Copyright © María Hesse e Fran Ruiz, 2018
© Penguin Random House Grupo Editorial, S. A. U., 2018
Travessera de Gràcia, 47-49, Barcelona 08021, Spain

Todos os direitos desta edição reservados a L&PM Editores
Rua Comendador Coruja, 314, loja 9 – Floresta – 90.220-180
Porto Alegre – RS – Brasil / Fone: 51.3225.5777

Pedidos & Depto. Comercial: vendas@lpm.com.br
Fale conosco: info@lpm.com.br
www.lpm.com.br

Impresso na Gráfica COAN, Tubarão, SC, Brasil
Primavera de 2023

Para nossos sobrinhos:
Alicia, Andrea, Gonzalo, Manuela e Ramón

Um dia eles descobrirão vida em Marte

ME ALEGRA SABER QUE ESTOU AJUDANDO MEUS FÃS A DESCOBRIR OS PERSONAGENS QUE GUARDAM EM SEU INTERIOR.

>David Bowie a Alan Yentob,
>no documentário *Cracked Actor* (1975)

SUMÁRIO

Introdução 11
Cronologia 12

Totalmente iniciantes 15
Decolagem 33
Um murmúrio cósmico 47
Efeitos secundários da cocaína 61
De pé junto ao muro 75
Meta uma bala em meu cérebro e você vai sair nas manchetes 89
Dançando com os peixes gordos 99
Um coração para o Homem de Lata 113
World Wide Bowie 125
Não envelheça nunca 133
Não posso revelar tudo 143

Discografia 157
Bibliografia 163
Agradecimentos 165

INTRODUÇÃO

Este livro é várias coisas:

Em primeiro lugar, o resultado de muitas horas de pesquisa sobre um dos artistas mais emblemáticos do nosso tempo.

Em segundo lugar, uma recriação da biografia de alguém que tinha muitas reservas quanto a falar de si mesmo e que, quando o fazia, costumava adulterar o que contava.

Em terceiro lugar, e sobretudo, uma manifestação de admiração e carinho por parte de duas pessoas cujas vidas foram profundamente influenciadas pela música e pela arte de David Bowie.

Bowie foi um mestre do artifício e da dissimulação. Para contar sua história, decidimos adotar esse mesmo enfoque. Em sua obra, nosso herói nos ensinou que mostrar as coisas sob um único prisma, por mais honesto que este procure ser, pode acabar sendo mais enganoso do que dar uma visão mais fragmentada e ambígua. Por isso, e porque somos conscientes de que uma biografia é, inevitavelmente, uma obra de ficção, decidimos misturar passagens da vida real de Bowie com elementos fantásticos. Desse modo, pretendemos nos aproximar da realidade de uma das personalidades mais interessantes e enigmáticas que poderíamos conhecer: brincando de imaginar o que a pessoa David Robert Jones chegou a pensar e sentir em diferentes momentos de sua vida. Brincar de tentar intuí-lo. Nisso não há trapaça alguma.

Desejamos que você desfrute muito deste livro e que ele te ajude a conhecer melhor Bowie. Quando terminar de lê-lo, talvez você sinta vontade de ouvir um bom disco. Você poderia começar por *Hunky Dory* ou por *Station to Station*. Nós estamos curtindo esses discos há décadas.

David Bowie

ACHO QUE OS ASSUNTOS DE QUE SEMPRE TRATEI FORAM OS CONCEITOS DE ISOLAMENTO E ALIENAÇÃO.

Em 1947, chego ao planeta Terra. Os Jones, uma família fria e formal, me acolhem em seu seio e me criam nos arredores de Londres.
Aos quinze anos, um meteorito atinge meu olho esquerdo e o transforma para sempre. Começo a parecer tão estranho em meu aspecto exterior como me sinto por dentro.

1963

Espíritos sombrios possuem meu querido meio-irmão Terry e o tornam esquizofrênico pelo resto de seus dias.

1970

Me caso com Angie Barnett, uma atraente bissexual norte-americana. Compartilhamos a sede por fama e sucesso. Ocasionalmente, compartilhamos também nossos amantes.

1971

Nasce meu filho Duncan Zowie Haywood Jones. Sinto que algo importante está para acontecer.

1972

Apresento ao mundo o alienígena que mora dentro de mim: Ziggy Stardust. Consigo o reconhecimento musical com que sonhava. Nunca me senti tão sexy e poderoso.

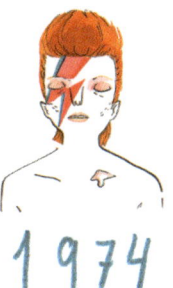

1974

Atraído pelos holofotes e pela música negra, me mudo para os Estados Unidos. Consumo grandes quantidades de cocaína.

1977

Abandono Los Angeles para me livrar do vício em cocaína e dos espíritos demoníacos. Me mudo para Berlim com meu amigo Iggy Pop.

1980

Me divorcio de Angie. Nunca mais voltarei a falar com ela.

1983

Lanço o álbum *Let's Dance*, que me deixa milionário. Me transformo numa estrela de cinema.

1985

Meu meio-irmão Terry se suicida, cansado de sua esquizofrenia. Decido não comparecer ao funeral.

1992

Me caso com Iman Mohamed Abdulmajid. Depois de muito tempo, por fim me sinto sereno.

2000

Nasce nossa filha, Alexandria Zarah Jones. Decido ser o melhor pai possível.

2004

Durante um concerto na Alemanha, sofro um enfarte. Nunca mais farei uma turnê e minha saúde nunca mais vai se recuperar inteiramente.

2016

Minha estada neste mundo chega ao fim. Uma vez mais, me transformo em poeira estelar.

TOTALMENTE INICIANTES

Sou o comandante Tom. Sou Ziggy Stardust. Sou The Thin White Duke. Sou um extraterrestre. Sou o rei dos Goblins. Sou o Homem-Elefante. Sou "o moribundo que não pode morrer". Sou o irmão do replicante. Sou Lázaro. Sou o homem que leva uma estrela negra sobre os ombros. Sou a própria estrela negra. Sou tudo aquilo que você não é capaz de imaginar.

QUANDO VOCÊ ACHAR QUE VISLUMBROU O QUE SE ESCONDE DETRÁS DE MINHA SILHUETA, TEREI ME TRANSFORMADO DE NOVO.

Meu nome é David Robert Haywood Jones. Decidi chegar ao mundo num 8 de janeiro porque Elvis assim o fez. Naquela noite, uma esfera brilhante caiu no número 40 da Stansfield Road, em Londres. Ninguém deu a menor bola. Pensaram que se tratava do fantasma de um dos tantos mísseis que choveram sobre o East End durante a Segunda Guerra Mundial, deixando em ruínas as imediações da rua onde eu iria crescer.

Meu pai, Haywood Stenton Jones, relações-públicas de um centro de caridade infantil, era um amante das tecnologias mais atuais da época, como o rádio e a televisão, e do mundo do espetáculo. Lutou na Segunda Guerra Mundial. Em sua juventude, investiu numa companhia de teatro que foi à falência. Era um homem carinhoso que frequentemente ficava triste.

Meu meio-irmão, Terence Guy Adair Burns, a quem chamávamos de Terry e que era dez anos mais velho do que eu, foi fruto de uma aventura de minha mãe com um tal James Rosenburg. Para mim, isso não tinha nenhuma importância, eu gostava muito dele. Com Terry descobri a literatura norte-americana, o rhythm and blues e o jazz. Ele despertou o germe de tudo o que sou.

Minha mãe, Margaret Burns, *Peggy*, trabalhava num cinema. Quis se dedicar a cantar baladas, mas suas obrigações familiares a impediram. Suas irmãs, Nora, Una e Vivienne, tinham problemas mentais, e sua mãe (minha avó) era considerada "louca". Quando queria, minha mãe podia ser bem fria e distante.

Este sou eu. Quando vim ao mundo, a parteira disse para minha mãe:

"ESTA CRIANÇA JÁ ESTEVE AQUI NA TERRA."

Devo dizer que meus pais trabalharam duro para que não faltasse nada para Terry e para mim, mas a vida era muito entediante em Bromley. Tudo era marrom ou cinza, e por isso nós, as crianças, tínhamos que dar um jeito de nos divertir. Nas ruas, brincávamos em meio às ruínas deixadas pelos bombardeios alemães e procurávamos segredos nos prédios abandonados.

Para mim era mais fácil escapar do tédio porque eu não estava sozinho.

Em muitas noites, os quatro Jones nos reuníamos em torno do toca-discos para ouvir música. Eu adorava aqueles momentos. Em seguida, papai e mamãe nos mandavam para a cama e ficavam vendo televisão. Assim, foi às escondidas que descobri a série de ficção científica *The Quatermass Experiment*. Aqueles seres do espaço encapsulados na tela me enchiam de medo e de fascínio. Um deles (Z) vivia na casa ao lado, no número 38 da Stansfield Road. Era um segredo entre nós dois.

Ele às vezes me chamava da janela que dava para o meu quarto. Quando eu aparecia, Z desenhava uma porta no vidro com o dedo anelar esquerdo. Em seguida, eu fazia o mesmo na minha janela. Então cada um abria sua porta e nós dois saíamos para a rua. Caminhávamos, com o olhar fixo nos olhos um do outro, até nos acharmos frente a frente. Permanecíamos assim alguns minutos, olhando-nos em silêncio. Depois ele traçava um círculo em minha testa, e eu fazia o mesmo na dele. O círculo me provocava um arrepio elétrico, ao mesmo tempo faiscante e cálido. Quando o círculo começava a ficar iluminado, dávamos meia-volta e caminhávamos de volta para nossas respectivas casas, de olhos fechados. Não precisávamos abri-los, o círculo nos guiava.

Isso só acontecia em algumas noites, enquanto todos os outros dormiam.

Numa noite em que Z não apareceu, sonhei com ele. Quando acordei, na manhã seguinte, encontrei um bilhete debaixo do meu travesseiro. O papel estava impregnado de um pó colorido, finíssimo, que eu levei semanas para arrancar de meus dedos. Só dizia isso:

> A VIDA É UM CIGARRO.
> FUMAÇA, CINZA E CHAMA...
> ALGUNS O FUMAM DEPRESSA,
> OUTROS O SABOREIAM.
> TENHO QUE IR, MAS VOLTAREI.
> Z.

Naquele momento, não entendi que diabos significavam aquelas palavras. Tampouco soube o que o fez partir, mas tive a certeza de que algum dia voltaria. E ele o fez. Z foi o primeiro talismã que tive para me proteger de uma espécie de vazio existencial.

Quando eu tinha nove anos, meu pai trouxe para casa um montão de discos de vinil norte-americanos. Eram discos de 45 rpm, e nosso aparelho de som os reproduzia a 78 rpm. Soavam de um modo meio estranho, mas aquela música me conquistou. Ao ouvir "Tutti Frutti", de Little Richard, algo mudou. Aquela canção revelou a verdade multicolorida que se escondia nas coisas cotidianas. Tudo vibrava ao ritmo da energia cromática que emanava do toca-discos. Aquela experiência despertou em mim uma sede que eu nem sabia que tinha. Logo o disco deixou de soar, e tudo se apagou outra vez.

MAS A SEDE CONTINUOU. INTUÍ QUE A ÚNICA MANEIRA DE APLACÁ-LA ERA DEDICAR MINHA VIDA À MÚSICA.

No coro da igreja conheci outro garoto que queria ser músico: George Underwood. Compartilhávamos a paixão pela música e pelas garotas. Ele era mais alto do que eu e, segundo diziam, também era mais bonito. Eu me vestia melhor, usava um corte de cabelo mais moderno e sabia como seduzir todo mundo para conseguir o que queria.

Uma noite estávamos olhando para as estrelas, empoleirados no telhado da minha casa. Eu sabia que elas também estavam nos olhando. Então aconteceu algo muito estranho: o que parecia uma estrela cadente se precipitou sobre nós e atingiu meu olho esquerdo. Senti uma dor terrível. George e eu levamos um tremendo susto. Como sabíamos que ninguém acreditaria em nós se

disséssemos a verdade, inventamos uma história boba sobre um soco que ele me deu por ter roubado sua namorada. Depois desse acidente, passei semanas sem enxergar, cheguei a pensar que não recuperaria a visão.

DEPOIS DE VÁRIAS CIRURGIAS, MEU OLHO SE ABRIU E VOLTEI A ENXERGAR. NO ENTANTO, A PUPILA FICOU DILATADA PELO RESTO DA VIDA. NÃO FIQUEI CEGO, MAS MINHA VISÃO NUNCA MAIS VOLTARIA A SER A MESMA.

Eu tinha quinze anos.

Naquela época, Terry me levava de vez em quando ao centro de Londres para ver alguns shows e vasculhar as lojas de discos. Eram momentos de pura liberdade e descoberta. Para mim, Terry era um exemplo a seguir.

Economizei dinheiro para comprar meu primeiro instrumento, um saxofone, e para pagar por algumas aulas.

EU GOSTAVA DE TOCAR SAXOFONE PORQUE ISSO ME PERMITIA SER MEU PRÓPRIO CHEFE.

Junto com meu amigo George, comecei a tocar em duas bandas: George and The Dragons e os Kon-rads. Mas aquilo era pouco para mim; precisava ser mais ambicioso artisticamente e encontrar uma estética inovadora.

Com meu novo grupo, The King Bees, conseguimos tocar na festa de aniversário de um magnata dos eletrodomésticos. Foi assim que conheci Les Conn, meu primeiro empresário. Com ele lancei o compacto simples "Louie Louie/Liza Jane", sob o nome de Davie Jones and The King Bees. Logo depois veio The Mannish Boys, um grupo de rhythm and blues inspirado em Muddy Waters.

Les Conn se cansou de empresariar jovens promessas que não chegavam a lugar nenhum. A partir daí, quem cuidou de minha carreira foi Ken Pitt, um publicitário culto e veterano do meio musical. Foi ele quem me recomendou que trocasse de nome, porque o cantor do The Monkees, um grupo bem-sucedido, também se chamava Davy Jones. Passei a ser Bowie, como aquela faca de caça que corta em duas direções, e junto com The Lower Third gravei a primeira música assinada por mim: "Can't Help Thinking About Me".

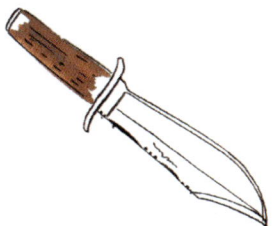

Não consegui fazer com que nenhuma daquelas canções se transformasse num sucesso. Apesar de me mostrar bastante seguro num palco, eu vivia crivado de inseguranças. Teria o talento necessário para construir uma reputação no mundo da música?

No final de minha adolescência, as coisas não andavam bem em casa. Meu irmão Terry sempre tinha sido um pouco estranho, coisa que me encantava, porque eu me sentia do mesmo jeito. Mas, quando voltou do serviço militar, ele começou a se comportar de maneira muito excêntrica.

Um dia estávamos voltando de um show do Cream no qual ele tinha ficado muito nervoso, quando, de repente, se jogou no chão, resmungando que estava saindo fogo da calçada.

FIQUEI ATERRORIZADO AO COMPREENDER O QUE ESTAVA ACONTECENDO: A MALDIÇÃO FAMILIAR DA ESQUIZOFRENIA O TINHA ATINGIDO.

A partir dali, as discussões entre papai, mamãe e Terry se tornaram frequentes. Morar em minha casa ficou insuportável, e então fui morar com meu empresário. A casa de Ken era muito estimulante, cheia de livros e de discos. Tínhamos longas conversas, dele recebi muito carinho.

Afinal, depois de muita dedicação, em 1967 lancei meu primeiro LP solo: *David Bowie*. Realizar um de meus sonhos me deixou bêbado de felicidade, mas também fez ressurgir fortemente a dúvida sobre se conseguiria fazer sucesso.

DECOLAGEM

Meu primeiro disco passou sem pena nem glória. Decidi me armar de paciência e continuar trabalhando para melhorar. Ao mesmo tempo, Ken voltou de Nova York com um disco para mim: *The Velvet Underground & Nico*.

ERA UM ROCK CRU E DIRETO, QUE FALAVA DE PESSOAS MARGINALIZADAS: DROGADOS, HOMOSSEXUAIS E PROSTITUTAS. FIQUEI FASCINADO.

Meu estilo não tinha essa insolência. Mas o Velvet era um grupo para uma minoria, com pouca repercussão, e eu queria chegar o mais longe possível.

Diante daquela seca, Ken me estimulou a procurar outros caminhos. Para melhorar meus dotes de interpretação, comecei a estudar com o brilhante mestre da mímica Lindsay Kemp, que me ensinou que meu corpo podia ser outra ferramenta artística. Juntos montamos o espetáculo de mímica e música *Pierrot in Turquoise*.

Lindsay e seu namorado foram vítimas de minha sedução. No fundo, eu não podia evitar desfrutar de seus ciúmes, embora não pretendesse fazer--lhes mal. Nem queria que alguém se apaixonasse por mim.

Nem sequer a música era suficiente para saciar meu espírito inquieto. Entre 1967 e 1969 flertei com o budismo na Escócia, ao mesmo tempo em que um tal Leonard Cohen. Meu lama recomendou que eu continuasse com a música. Ele me disse:

É A SUA ARTE QUE VAI AJUDAR OS OUTROS, GAROTO.

Mas não pude deixar de notar que a voz que falava era a de meu amigo secreto da infância.

Deixei o templo para sempre, mas levei comigo as ideias de desapego e transitoriedade e nunca as abandonei.

Por meio de Kemp, conheci Hermione Farthingale, uma garota elegante de classe alta, sofisticada e inteligente. Juntos montamos um novo número de interpretação: *Feathers*. Não foi difícil me tornar atraente para ela, mas desta vez eu realmente gostava da garota. No verão de 1968 nos mudamos para South Kensington.

Ficar com Hermione aplacava minha angústia. Sua presença me fazia lembrar dos círculos elétricos de Z. Ao seu lado eu sentia que triunfar não era algo tão urgente. As coisas chegariam na hora certa. Infelizmente, discutíamos muito por causa de ciúmes.

Pela primeira vez eu amava profundamente uma pessoa, mas não podia chegar até ela. Quando vi *2001 – Uma odisseia no espaço*, de Kubrick, me dei conta de que me sentia como aqueles astronautas. Escrevi a canção "Space Oddity", a história do Major Tom, uma pessoa solitária e infeliz vagando no espaço. Mas nem sequer orbitando sobre o planeta Terra eu encontrei rastros de Z.

Em fevereiro de 1969, Hermione me deixou por causa de um bailarino. Aquilo me destruiu. Todo o amor que eu tinha lhe dado teve como única resposta o abandono.

NÃO PODIA SUPORTAR QUE HERMIONE JÁ NÃO GOSTASSE DE MIM, E ASSIM APRENDI O QUE ACONTECE QUANDO VOCÊ SE EXPÕE EMOCIONALMENTE.

Com Mary Finnigan, uma escritora e jornalista com quem eu transava de vez em quando, criei um laboratório de arte em Beckenham, do qual participavam vários tipos de criadores. E então conheci uma garota norte-americana que me deixou louco: Angela Barnett, *Angie*. Espirituosa, divertida, excêntrica, avessa à ideia de fidelidade, o tipo de pessoa que nunca deixa de lutar até conseguir o que deseja: justamente o que eu estava esperando. E começamos a sair.

A divulgação do disco *Space Oddity* começou a dar resultados. A BBC retransmitiu minha canção quando o homem pisou na Lua e Angie garantiu que tinha visto marcianos na rua.

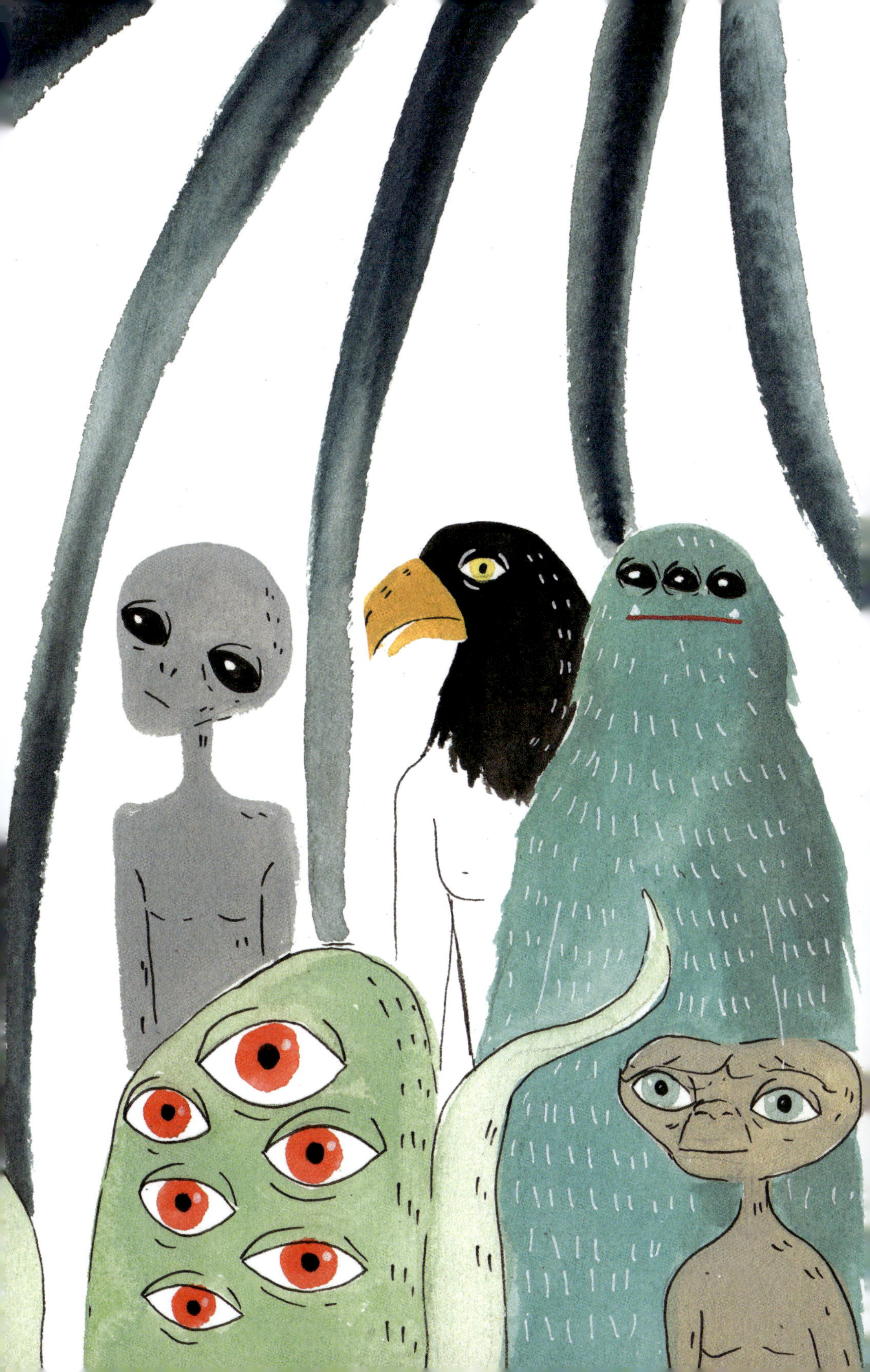

Em julho de 1969 eu estava na Itália, divulgando o disco, quando recebi a notícia de que meu pai estava gravemente doente. Cheguei a Londres poucos dias antes de ele morrer de pneumonia. Meu pai, a pessoa que mais tinha acreditado em mim, partira para sempre.

Apenas três dias depois, tive que me apresentar no Free Festival, um evento organizado por nosso laboratório de arte. Quando desci do palco e vi aqueles hippies todos contando o dinheiro da bilheteria, entendi que estava começando a ficar farto daquele ambiente e dos sermões vazios sobre como mudar o mundo.

Angie e eu nos mudamos para Haddon Hall, uma antiga mansão de Kensington. Naquela época comecei a ganhar dinheiro graças aos direitos autorais de *Space Oddity*, e então nos cercamos dos objetos de arte que adorávamos e criamos naquela casa um universo para nós dois. Ali recebíamos nossos amantes e concebíamos ideias e planos com nossos amigos. Finalmente decidimos nos casar, embora tenhamos combinado que seria uma relação aberta a outras pessoas. Eu disse a ela:

VOCÊ SABE QUE EU NÃO TE AMO, CERTO?

Mas isso não era inteiramente verdadeiro.

Às vezes Terry nos visitava. Desde que meu pai morreu ele estava pior, de modo que minha mãe o internou em um manicômio, Cane Hill. Meus amigos ficavam surpresos ao descobrir que eu tinha um irmão, porque eu nunca falava nele. Quando o deixavam sair e vinha nos ver, eu ficava muito feliz, mas logo me dava conta de que uma parte dele se afastava para lugares aos quais eu não poderia chegar. Cada vez que ele ia embora eu me torturava perguntando a mim mesmo o que podia fazer para ajudá-lo, mas nunca encontrava uma resposta. Foi para ele que compus "All the Madmen".

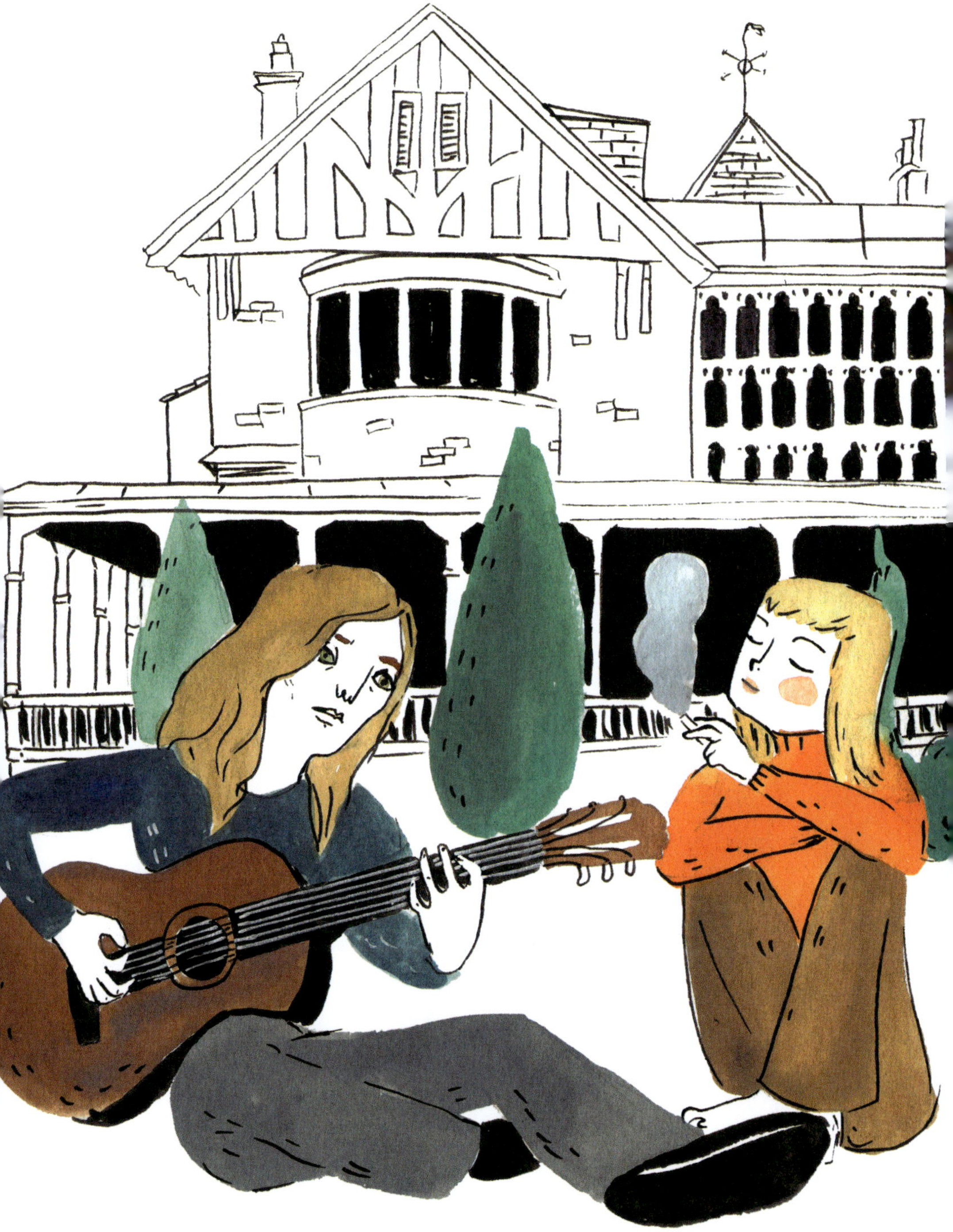

Minha carreira tinha estancado de novo. O sucesso de *Space Oddity* estava ficando para trás. Talvez Ken Pitt estivesse agindo de modo muito tradicional na divulgação de meu trabalho, por isso decidi substituí-lo por um advogado que prometeu me transformar numa estrela: Tony Defries. Ken ficou profundamente triste, mas eu não olhei para trás.

Com ânimo renovado, me envolvi na gravação do que seria meu terceiro álbum, *The Man Who Sold the World*. Tinha algumas cartas na manga: o guitarrista Mick Ronson, cujos *riffs* dotavam minha música de uma nova potência, e a produção de Tony Visconti, um brilhante baixista que estava se transformando num bom amigo. Mas o disco passou despercebido, mais uma vez, e os músicos com quem trabalhei me abandonaram para trabalhar em outros projetos.

Largar tudo teria sido o mais lógico para uma pessoa sensata, deixar o sonho de viver de música para outros. Mas eu não era uma pessoa sensata. Se ainda não era bom o suficiente, continuaria trabalhando para sê-lo. Somente uma pessoa ficou a meu lado: Angie. Me dei conta de que ela ocupava mais espaço em meu coração do que eu mesmo queria reconhecer.

Em maio de 1971 nasceu nosso filho, Duncan Zowie Haywood Jones, uma criança cheia de luz e de vida que me insuflou novas forças. Como resultado desse otimismo, meu disco seguinte se chamou *Hunky Dory*, "bem como eu queria".

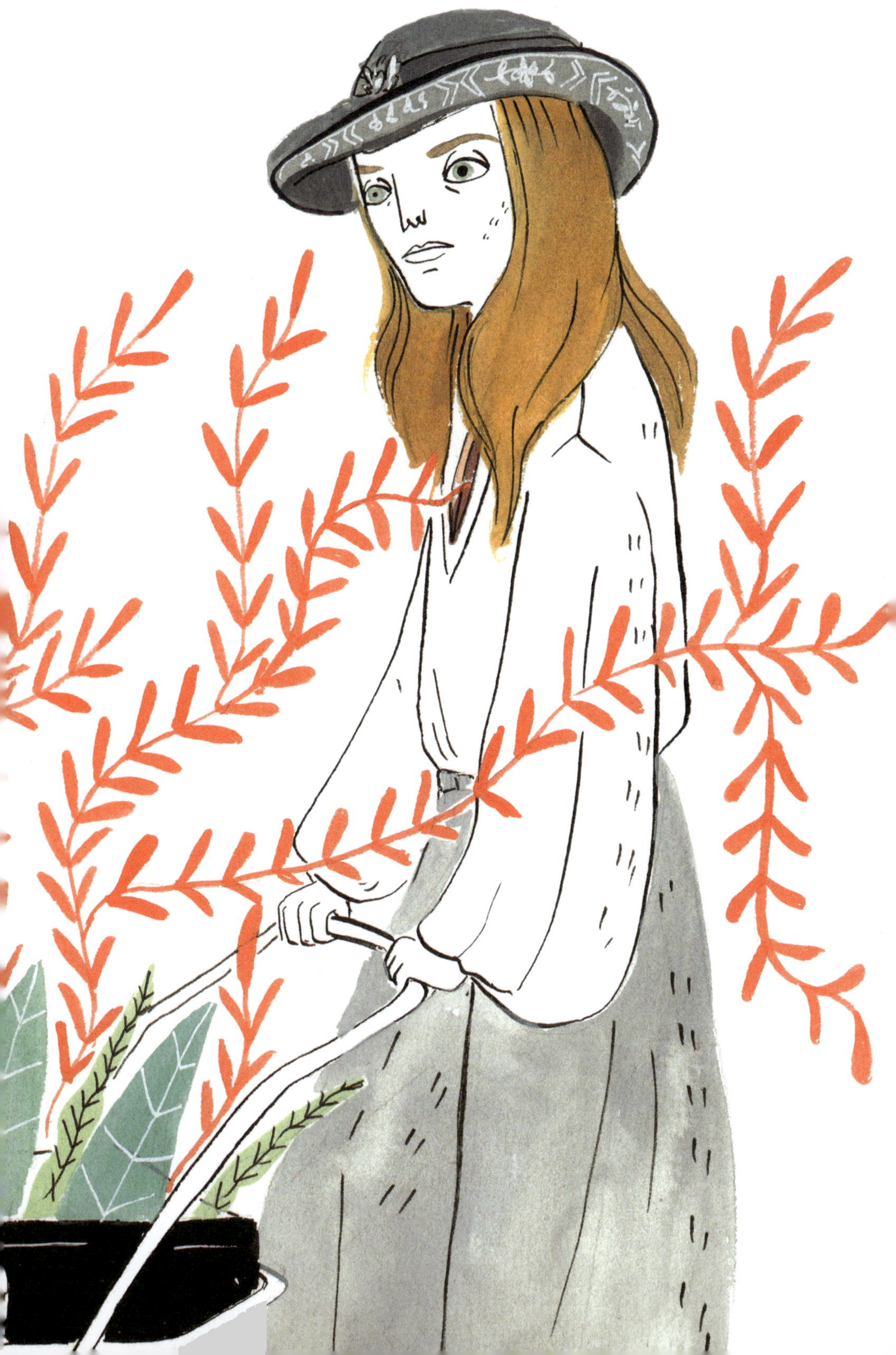

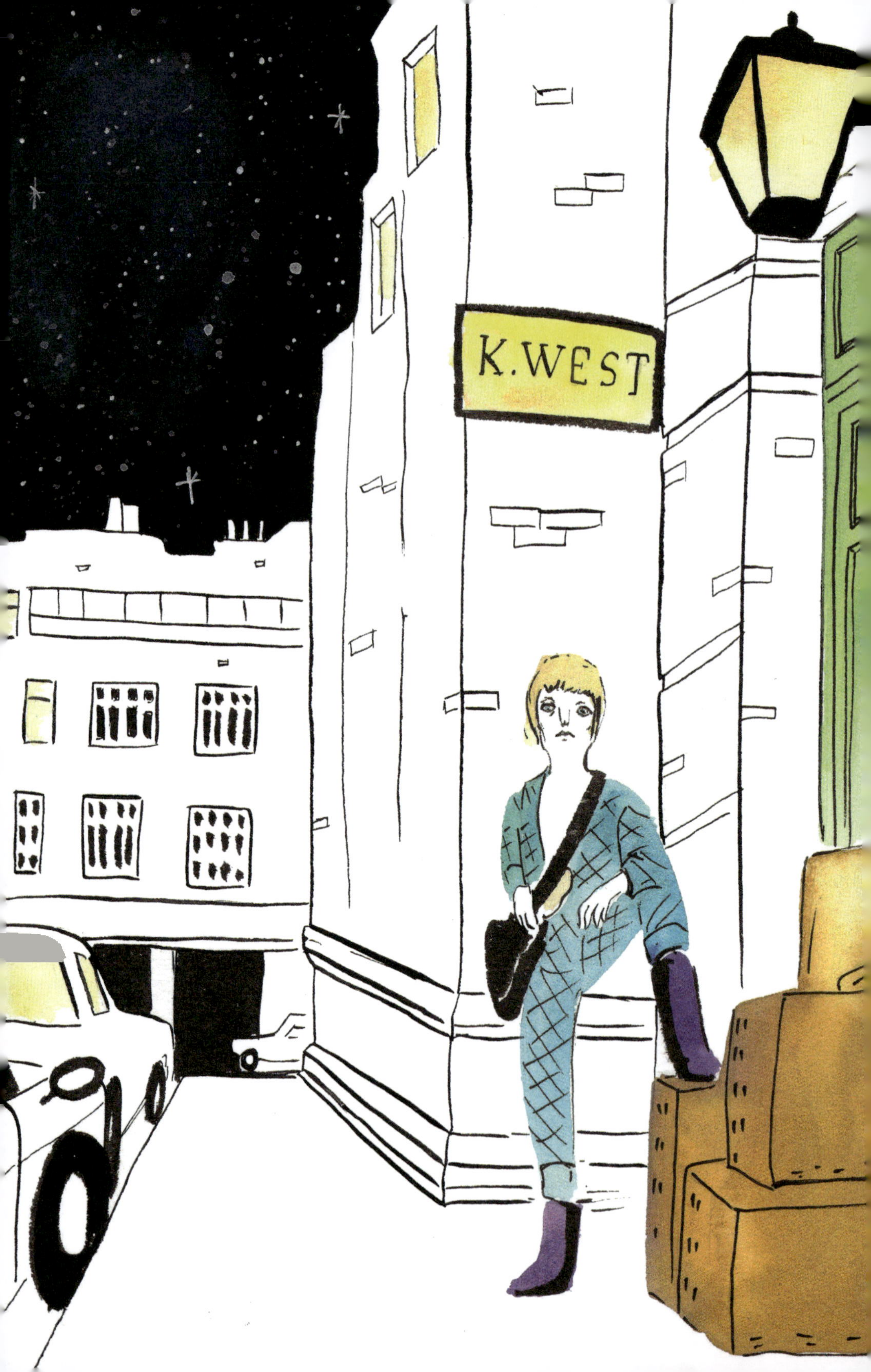
K.WEST

UM MURMÚRIO CÓSMICO

Meu novo empresário, Tony Defries, sabia que a chave do sucesso passava por triunfar nos Estados Unidos, e me conseguiu um contrato nada menos do que com a gravadora de Elvis, a RCA. Ele me apresentou como o músico que iria revolucionar a década de 1970. Assim, viajamos a Nova York para assinar o contrato – e ali conheci a Factory e Andy Warhol, que só deu bola para os meus sapatos.

Mergulhei na noite novaiorquina e conheci aquele bando de proscritos retratados nas letras do Velvet Underground... incluindo o próprio Lou Reed! Embora o homem estivesse pra lá de bêbado quando nos vimos pela primeira vez, intuí que teríamos um longo caminho a percorrer juntos. E, como se não bastasse, conheci outro músico cuja selvageria também tinha me impactado: Iggy Pop. Ambos estavam passando por uma fase difícil naquele momento, e eu me empenhei profundamente para que Defries os incluísse em seus planos.

Na volta para o Reino Unido, pensava em tudo o que tinha me acontecido e me sentia profundamente estimulado. Somente o encontro com Warhol tinha sido decepcionante, mas o que me importava que ele não tivesse enxergado nada em mim? Eu sim é que tinha aprendido com ele: era um mestre da autopromoção. Eu havia usado alguns truques no passado, mas só naquele momento decidi lançar mão daquele trunfo. Conseguira me transformar num grande artista, que mal faria me promover com um pouco de escândalo?

Assim, quando me entrevistaram para a *Melody Maker* em 22 de janeiro de 1972, não hesitei ao afirmar:

SOU GAY E SEMPRE FUI, INCLUSIVE QUANDO ERA DAVID.

Sabia que minhas declarações serviriam para que prestassem atenção em mim, mas por acaso estava mentindo? Naquela mesma noite tive um sonho. Um ser alto e estranho me observava aos pés da cama. Seu rosto era tão magro que suas bochechas pareciam lâminas. Seu cabelo era vermelho, o olhar, penetrante, e, se em seu interior abrigava algum sentimento, meu cérebro terrestre não conseguia identificá-lo. Engatinhou pela minha cama com uma expressão como a dos tigres, me agarrou pelos pulsos e me falou assim:

VIM PARA QUE VOCÊ ENTENDA SEU LUGAR NO COSMOS. VOCÊS NÃO SÃO MAIS DO QUE PURITANOS REPRIMIDOS. SUAS EMOÇÕES E SEUS DESEJOS LHE DÃO MEDO, COMO A TODOS DE SUA ESPÉCIE, MAS EU VOU MUDÁ-LOS PARA SEMPRE. NÃO VIM PARA TORNÁ-LOS BONS NEM PUROS, GAROTO. VIM PARA FAZER SUAS MENTES VOAREM, E VOCÊ VAI SER MEU EMISSÁRIO.

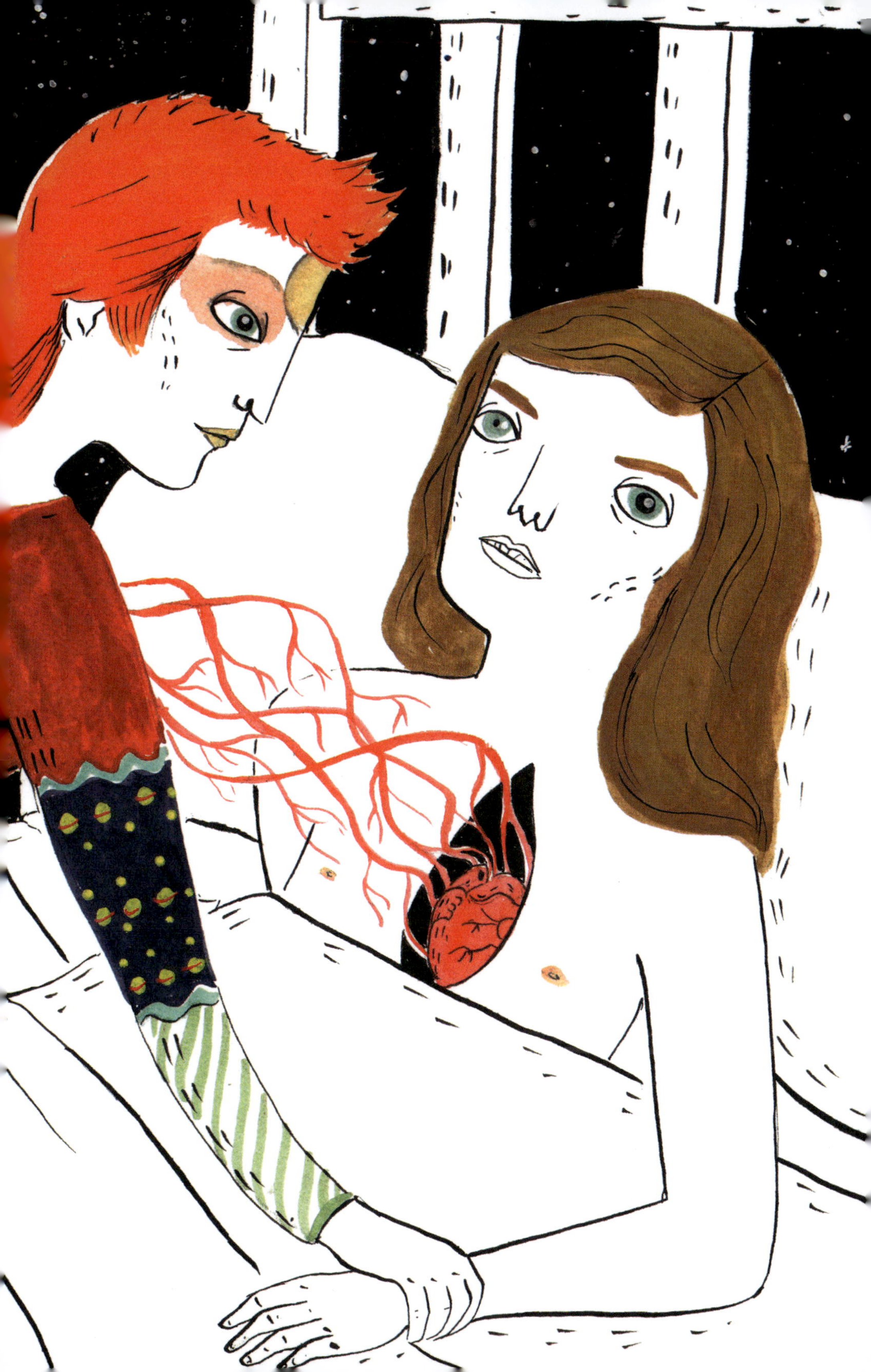

A partir desse momento, David Bowie deixou de ter importância. Me transformei no receptáculo daquele ser lindo, bissexual e alienígena: Ziggy Stardust.

Ziggy precisava de uma banda: The Spiders from Mars. Quando disse para Mick Ronson, Trevor Bolder e Woody Woodmansey que tinham de se fantasiar e se maquiar, alegaram todo tipo de problemas. Algumas semanas mais tarde, estavam ligados como nunca e chegavam a brigar pelo batom.

O passo seguinte foi começar a pregar o novo evangelho: "Starman" foi o anúncio de que já não estávamos sozinhos no universo. Em 6 de julho tocamos no programa de TV *Top of the Pops*. Durante o refrão, Ziggy estendeu seu braço para envolver carinhosamente os ombros de Mick. Muitos se escandalizaram, outros viram nisso um ato messiânico: uma nova era havia chegado.

As semanas seguintes foram frenéticas. Subia no palco, deixava Ziggy sair e não precisava me preocupar. Não havia dúvida ou qualquer tipo de incerteza: quem estava atuando era o extraterrestre. Quando os concertos terminavam, os espectadores se transformavam em mensageiros de nossa causa.

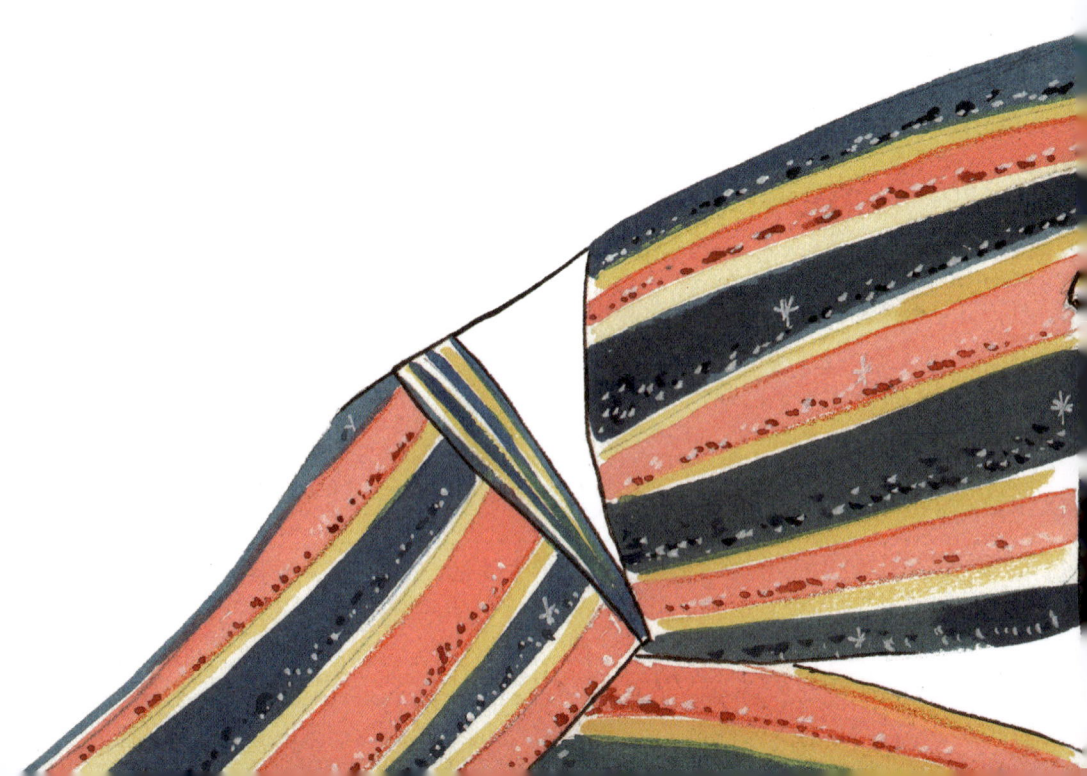

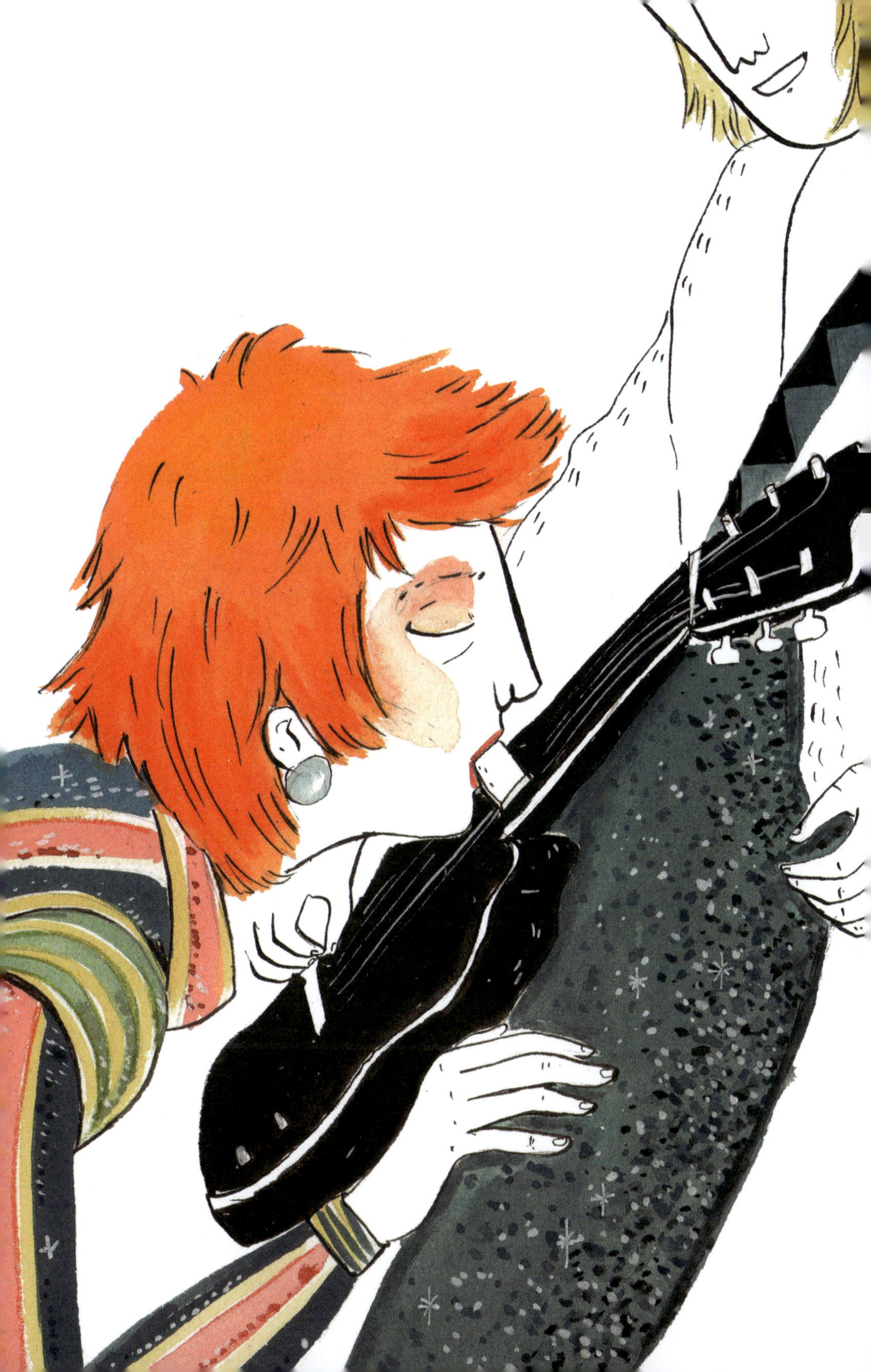

A turnê que fizemos pela Inglaterra foi um verdadeiro sucesso. Meu país se rendeu ao alienígena. O passo seguinte era atacar a nação mais poderosa do planeta Terra. Tony Defries preparou a turnê norte-americana em grande estilo. Atravessamos o oceano num transatlântico, nos hospedamos nos melhores hotéis e contratamos luxuosas limusines. Meu empresário estava convencido de que, para me transformar numa estrela, precisava me apresentar como uma.

À medida que o cansaço e a tensão da turnê se acumulavam, as coisas começaram a ficar estranhas. Angie estava farta das fãs que me assediavam depois de cada concerto, mas o que ela queria? Tínhamos uma relação aberta, e eu era uma estrela do rock. Ela começou a escolher amantes em meu entorno, para me causar ciúmes, e nos metemos em odiosas discussões.

Além disso, a cada dia surgiam novos problemas. Quando os Spiders Trevor e Woodmansey ficaram sabendo que ganhavam menos do que os músicos que tinham se juntado a nós nos Estados Unidos, houve um princípio de motim. Defries conseguiu acalmá-los com promessas de aumento de salário, mas me dei conta de que minha banda podia sabotar a turnê.

Voltamos para Londres para passar o Natal. Aproveitei a pausa para tentar reconstruir meu casamento. Queria melhorar as coisas, embora estivesse começando a ficar cheio das birras de Angie. Meu disco seguinte, *Aladdin Sane*, refletia a duplicação de personalidade que sofria pelo fato de "hospedar" Ziggy e, embora eu nunca tivesse reconhecido, também por causa de meus obscuros devaneios sobre a esquizofrenia de Terry.

O TÍTULO DO ÁLBUM ESCONDE UM JOGO DE PALAVRAS QUE COMBINA MUITO COM A DUPLICIDADE DE QUE ELE TRATA: *ALADDIN SANE* ("ALADIM, O SENSATO") NÃO SE DISTINGUE DE *A LAD INSANE* ("UM CARA DEMENTE").

O RAIO: A IDEIA
DE QUE AS ESTRELAS DE ROCK
SÃO FIGURAS MESSIÂNICAS,
TOCADAS PELO CELESTIAL.

FUNDO BRANCO:
A ESTRELA DE ROCK TOTALMENTE ISOLADA,
ENSIMESMADA EM SUA PRÓPRIA DIMENSÃO.

MAIS MISTERIOSO É
O FLUIDO NA CLAVÍCULA.
SUA FORMA LEMBRA
AQUELAS USADAS POR DALÍ.

O ⚡ TAMBÉM DIVIDE O ROSTO EM DUAS METADES, REFLETINDO O PROCESSO
ESQUIZOFRÊNICO, CONSEQUÊNCIA DE CARREGAR DUAS PERSONALIDADES.

Quando retomei a turnê, decidi que era melhor que Angie ficasse na Europa. Houve outras tentativas de sublevação por parte de Woody e Trevor, mas Mick Ronson intercedeu para que Defries cumprisse sua promessa de aumentar seus salários e, ao mesmo tempo, conseguiu que ele lhe prometesse produzir um disco solo. Isso tudo me causava arrepios.

A turnê se prolongava indefinidamente. Chegamos ao Japão e dali fomos para oeste, chegando até Berlim. Naquela cidade ainda dava para ver as marcas dos bombardeios de trinta anos antes, e essas feridas se conectavam com meu estado interior.

Ao voltar para os Estados Unidos, ficamos sabendo que a RCA tinha cancelado a turnê de 1973: parece que gastávamos dinheiro demais. Eu não sabia de nada porque era Defries quem cuidava das contas, mas era evidente que aquilo tinha sido um erro. Para piorar, Angie estava furiosa comigo: tinha viajado até Nova York para me fazer uma surpresa e me encontrara na cama com meu novo amor: Ava Cherry.

EU QUERIA QUE AQUILO TUDO TERMINASSE. EU ASPIRAVA A UM TIPO DE PROJETO MUITO DIFERENTE E ESTAVA ESGOTADO E ABSOLUTAMENTE ENTEDIADO COM O CONCEITO "ZIGGY".

Quando voltamos ao Reino Unido, tinha tomado uma decisão drástica: se meu baixista e meu baterista pensavam que podiam me chantagear, eu iria me adiantar a eles. Em 3 de julho de 1973, durante um concerto no Hammersmith Odeon, anunciei:

ESTE NÃO É APENAS O ÚLTIMO CONCERTO DA TURNÊ, MAS O ÚLTIMO QUE VAMOS FAZER. MUITO OBRIGADO!

The Spiders deixavam de existir. O único que sabia disso era Ronson.

Entrei no camarim e me olhei no espelho. Ziggy estava ali, diante de mim, exausto e apagado. Depois de meses de contaminação na Terra, o alienígena estava morrendo. Sorri com desprezo ao perceber seu olhar perdido, que parecia pedir ajuda. Faltava-lhe o ar, como um peixe que tivesse escapado do aquário. Minha mão direita atravessou o espelho e agarrou seu pescoço de cisne. Meus dedos se apertaram ao redor de sua garganta. A criatura não teve forças para resistir.

— Você já não é uma revelação — eu disse a ele. — Você se transformou num ego desmedido e em purpurina barata.

O corpo de Ziggy caiu no chão, sem vida. Acendi um cigarro e por algum tempo me senti em paz.

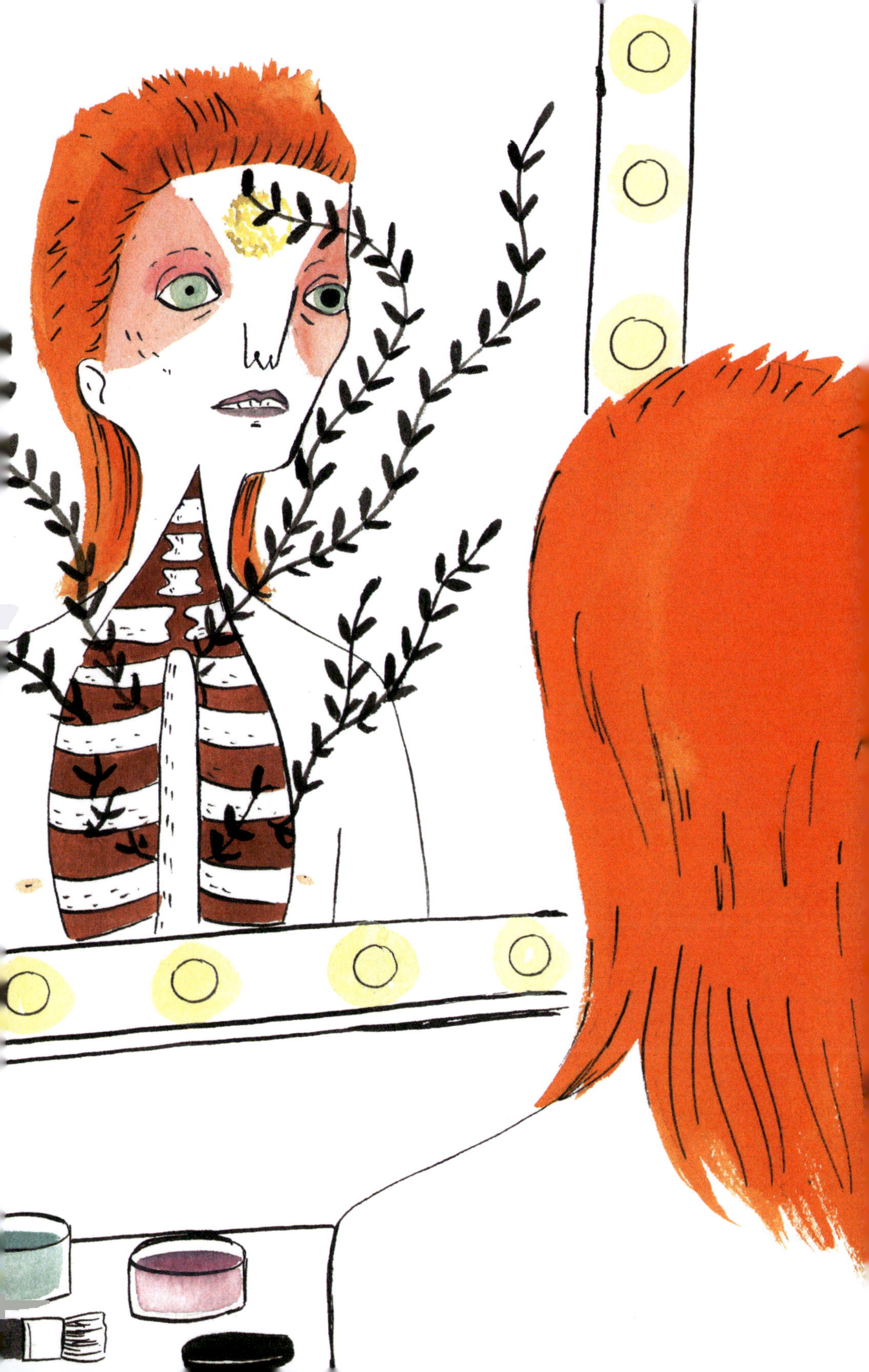

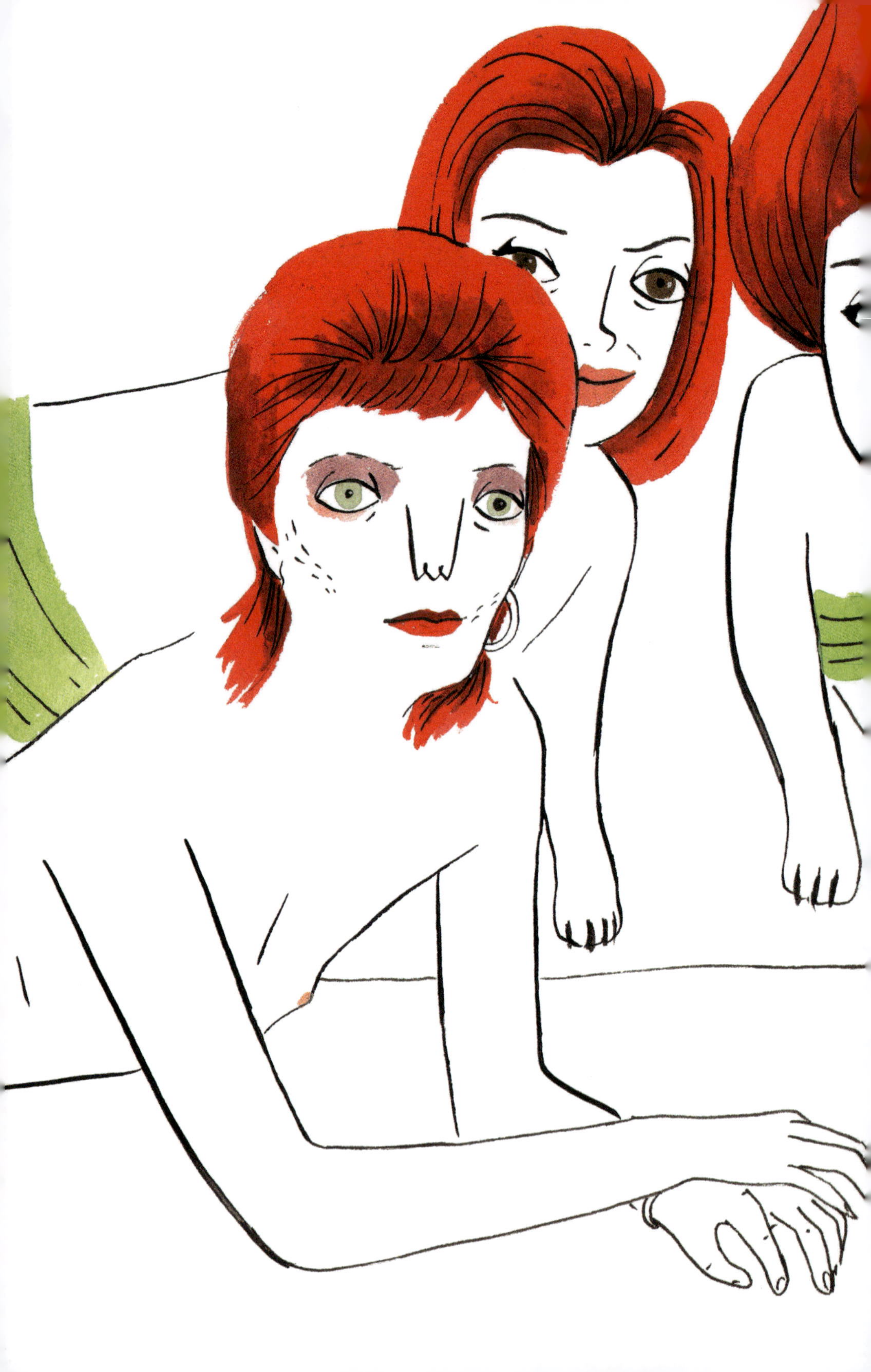

EFEITOS SECUNDÁRIOS DA COCAÍNA

A gravadora não dava a menor importância para minha sensação de cansaço. Como tinha assinado contratos e prometido discos, decidi fazer um com versões de canções dos anos 1960 e 1970: *Pin Ups*. Gravamos num lindo castelo na França, o que me permitiu escapar por algum tempo de Angie e de seu eterno ciúme. Enquanto finalizava esse projeto, percebi que brincar de ser uma estrela de rock me divertia cada vez menos. Até mesmo a potente guitarra de Mick Ronson me parecia repetitiva. Precisava de novas experiências, musicais e de todo tipo.

Em 1974, Angie, Zowie e eu nos mudamos para o bairro de Chelsea. Quando conseguia descansar de meus compromissos midiáticos, lia George Orwell, e pouco a pouco uma visão foi surgindo em minha mente.

VI AS CIDADES DA INGLATERRA DESGASTADAS E DESTRUÍDAS. A SUJEIRA E O SILÊNCIO TINHAM OCUPADO AS RUÍNAS DO OPULENTO SÉCULO XX. OS ANTIGOS MEIOS DE TRANSPORTE JAZIAM ABANDONADOS E OXIDADOS, SEM UMA GOTA DE GASOLINA EM SEUS TANQUES. ENTRE AQUELES ESQUELETOS DE TIJOLO, CONCRETO E AÇO, OS SERES HUMANOS ESTAVAM SE TRANSFORMANDO EM MONSTROS REPLETOS DE RADIAÇÃO. OS QUE NÃO TINHAM SUCUMBIDO À LOUCURA ABRIGAVAM-SE NOS ÚLTIMOS RECANTOS, QUENTES E CHEIOS DE PIOLHOS.

Meu estilo estava se tornando mais experimental e ao mesmo tempo se aproximava mais da música negra que tinha me fascinado durante a juventude.

Foi nessa época que comecei a consumir uma droga muito presente no meu meio: a cocaína. Ela fazia minha mente funcionar mais depressa e me dava energia durante as intermináveis sessões de gravação de *Diamond Dogs*. Era estupenda.

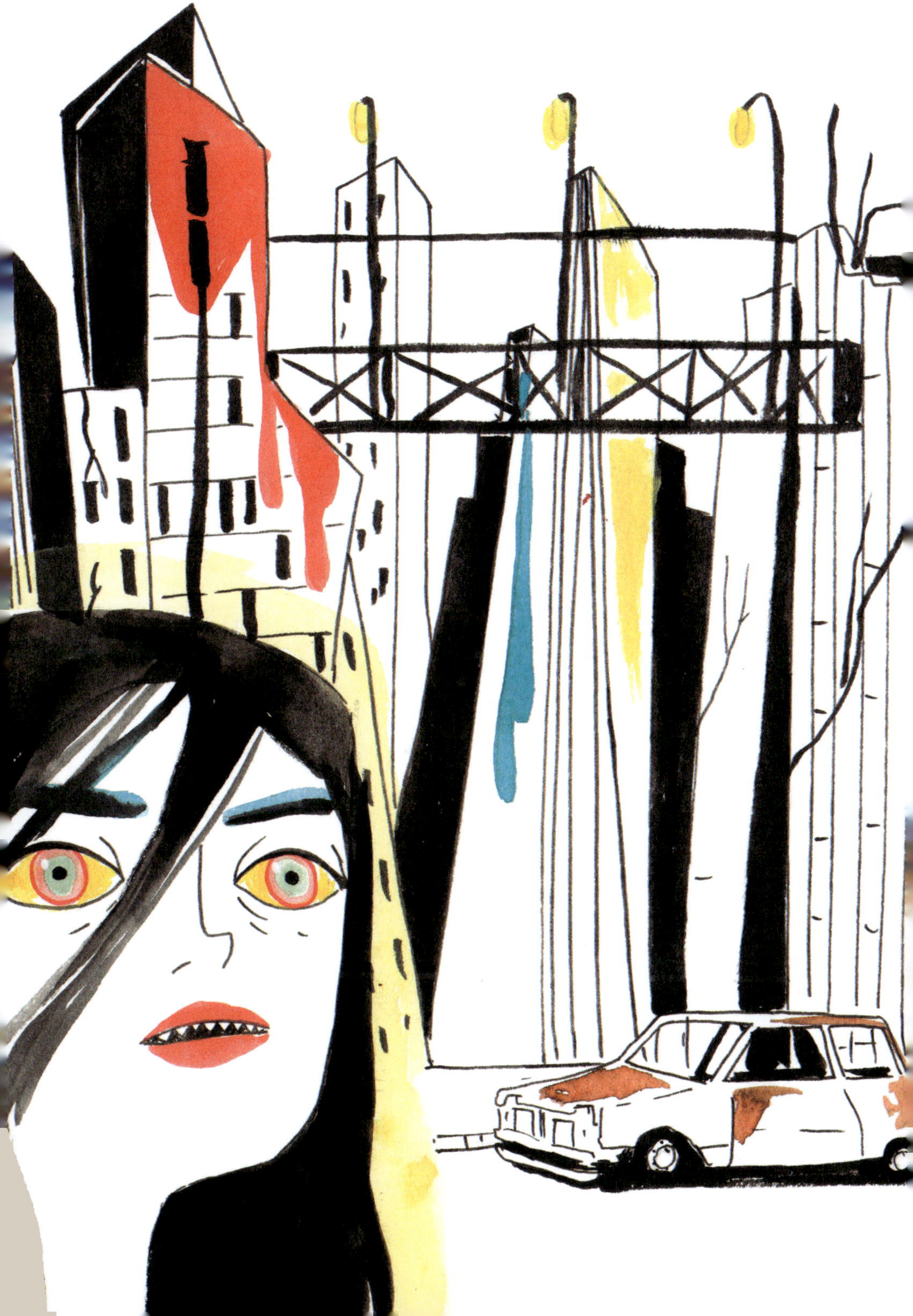

Pouco antes de o disco ser lançado, já tinha me mudado para Nova York. Retomei minha relação com Ava Cherry e comecei a me conectar com a cena de soul e rhythm and blues dos Estados Unidos. Foi assim que conheci Carlos Alomar, um brilhante guitarrista porto-riquenho que, ao ver minha aparência abatida e minhas olheiras, me convidou para ir à sua casa para que sua mulher me preparasse uma comida decente.

Meu estilo continuava a se transformar. A cada novo concerto, meu som chegava cada vez mais perto do soul e do funk.

NÃO ESTAVA ME DISFARÇANDO DE GOUSTER*, ESTAVA ME TRANSFORMANDO NUM DELES.

ERA COMO UMA MOSCA NADANDO NUMA TIGELA DE LEITE: NÃO PODIA DEIXAR DE ME ENCHARCAR COM O QUE ESTAVA AO MEU REDOR.

Essa atividade toda podia ser cansativa, mas ali estava a cocaína para remediar tudo, e também uma nova aliada: minha secretária pessoal Corine Schwab, *Coco*, que se ocupou de minha carreira com uma fúria e uma lealdade que até então ninguém havia demonstrado. Ela sabia me proteger.

---

* *Gouster*: se refere a uma subcultura da juventude afro-americana surgida no South Side de Chicago no início dos anos 1960. Originalmente significa "pessoa violenta ou incontrolável, sujeito arrogante". [N.T.]

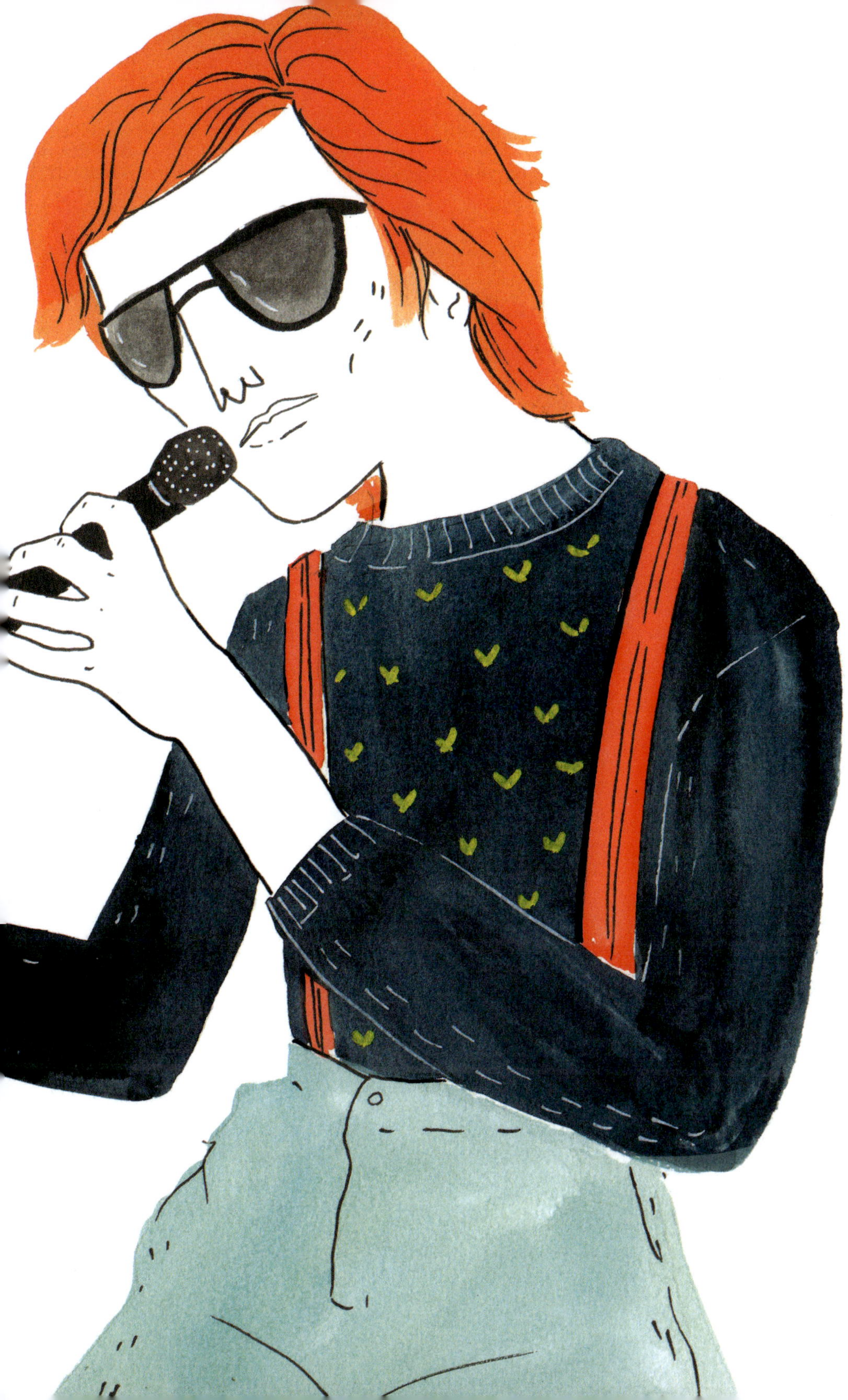

Com Ava Cherry, Carlos Alomar, Mike Garson e outros músicos, realizei meu sonho de fazer um disco de música negra: *Young Americans*. O álbum vendeu maravilhosamente bem e eu me transformei no primeiro artista branco a aparecer em *Soul Train*, a meca da música negra na TV. Estar no centro das atenções me permitia colaborar com músicos de todo tipo, como a estrela Cher. O menino David Jones, sempre grudado no toca-discos ouvindo aqueles ritmos norte-americanos, poderia ter imaginado que um dia chegaria lá? Por fim, tanto trabalho e dedicação estavam dando seus frutos. Eu estava entusiasmado.

Às vezes eu procurava fugir de Ava para conhecer outras garotas, mas novamente era perseguido pelos ciúmes, aos quais se uniram os antigos: Angie foi me visitar na Filadélfia e, ao encontrar Ava ali, ficou furiosa. Foi uma discussão e tanto. Ela não parava de gritar enquanto eu aguentava aquela tempestade cheirando duas ou três carreiras. Quando viu que todo o seu palavrório não me importava nem um pouco, ameaçou se matar. Eu estava cheio de vê-la continuamente chamando a atenção.

Fazia meses que o dinheiro que eu recebia da MainMan, a empresa de Defries, não era suficiente, portanto me sentei com ele para ver o que estava acontecendo e me dei conta do contrato desastroso que eu tinha assinado em 1972. Mais do que me representar, Tony tinha criado uma empresa da qual eu não era mais do que um simples empregado. Aquele parasita estava ficando rico e eu só estava recebendo migalhas. Mas eu estava preso ao contrato, e para me desvincular dele não tive outro remédio senão ceder todas as minhas *masters* até aquela data e uma porcentagem de meus futuros discos até 1982. David Bowie não era mais do que um escravo nas mãos de uma empresa erguida sobre seu talento.

Lembro de ter passado as semanas seguintes nos braços de Ava ou junto a Coco. O que elas diziam para me consolar, se cheguei a ouvir, já esqueci. Só sei que, enquanto falavam, eu me arrastava até a carreira de cocaína mais próxima e aspirava aquele talco milagroso, na esperança de deixar de me sentir uma merda. Depois disso, tudo fica nebuloso.

Me mudei para Los Angeles. Os demônios também me procuraram ali, mas me protegi seguindo uma estrita dieta de leite e pimentões, além de muita leitura. Com as persianas bem fechadas, para que não entrassem nem o inclemente sol da Califórnia nem os espíritos obscuros, eu desenhava sinais protetores e, se algum deles conseguisse entrar, eu fazia um exorcismo. Angie foi até lá para colaborar nos rituais.

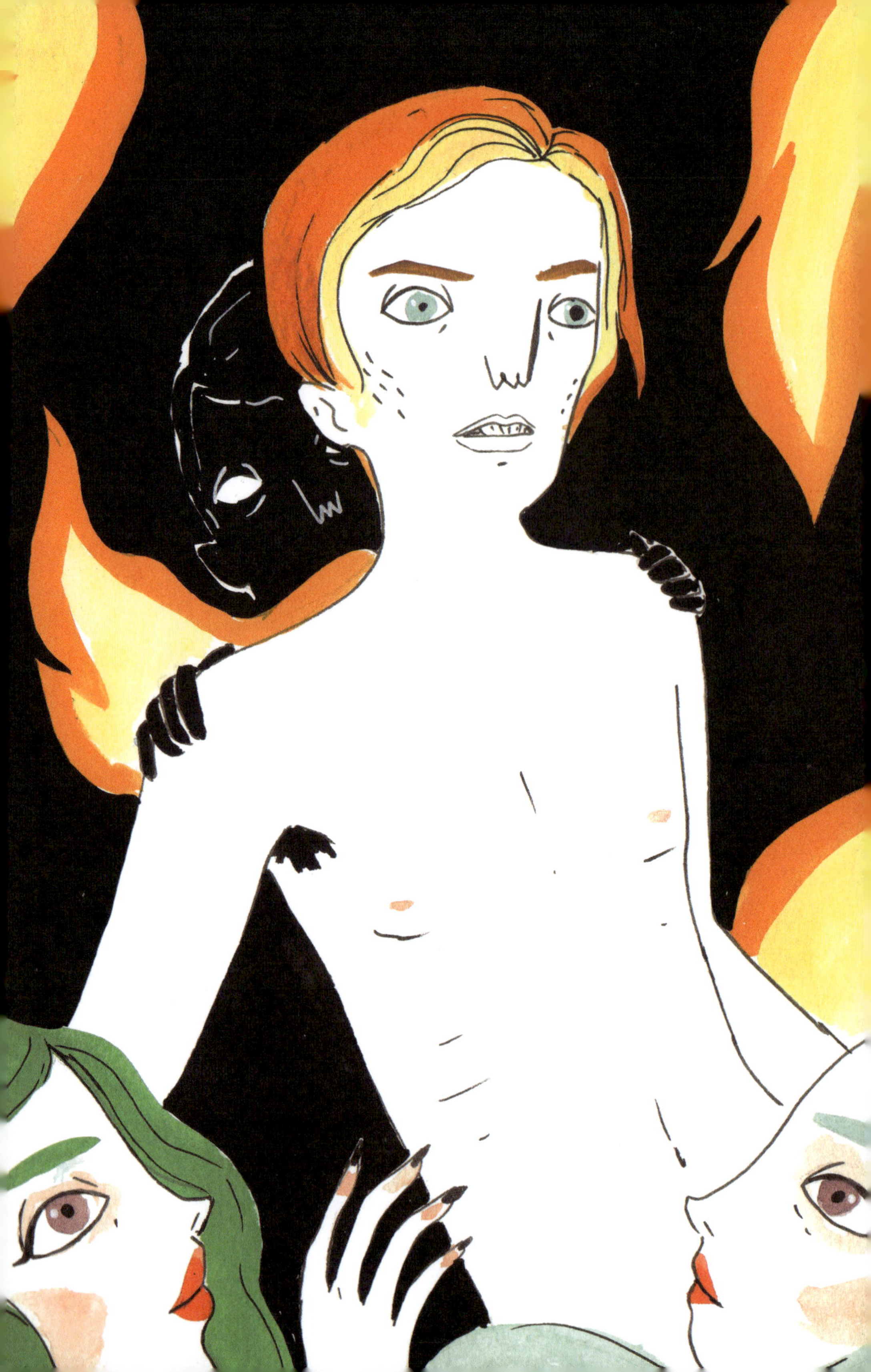

Durante meses, as trevas me cercaram. Ouvia pessoas que não conseguia enxergar; entre minhas admiradoras, descobria bruxas que queriam meu sêmen para seu conciliábulo; uma sombra que falava com a voz de meu irmão Terry garantia que me levaria até um lugar em que só havia gritos e desespero. Quando já não aguentava mais, cheirava mais um pouco para continuar resistindo. Mas o sofrimento continuava, dia após dia. Finalmente, fechei os olhos e deixei que os pesadelos me invadissem. Temi ficar naquele lugar de escuridão eterna, e assim supliquei à Luz que me protegesse.

FORAM OS DIAS MAIS ESCUROS DE MINHA VIDA. E ACHO QUE ESTAVA TÃO AFUNDADO NA DESGRAÇA QUE LEMBRAR DISSO É QUASE IMPOSSÍVEL, DEVIDO À DOR QUE ME CAUSA.

Quando acordava, minha consciência não tinha se afogado na loucura e eu continuava a ser David Bowie. Naqueles momentos de lucidez, tinha consciência de toda a desgraça que a cocaína estava provocando ao meu redor.

Até mesmo no mais profundo daquele poço, minha fome de criar me impediu de afundar irremediavelmente. Passara boa parte de 1975 e de 1976 vivendo um pesadelo, mas também tinha colhido alguns sucessos. Meu primeiro filme, *O homem que caiu na Terra*, recebeu críticas muito boas. Nele eu me transformara em Thomas Jerome Newton, que chegou a nosso planeta para salvar o dele e que, como eu, era incapaz de ter sentimentos. Também tinha gravado *Station to Station* e feito novos amigos, como John Lennon. Ele fora fundamental para a composição de "Fame", e justamente nessas questões de fama iria se transformar num grande aliado. Acho que John via em mim uma versão mais jovem dele mesmo, e para mim era incrível ter um novo irmão mais velho.

Mas foi com outro amigo, Jim Osterberg, a pessoa por trás do selvagem Iggy Pop e que estava tão destruído quanto eu, que decidi que devia escapar. Eu o visitara muitas vezes na clínica psiquiátrica em que estava se desintoxicando, e quando saiu dali foi preso por roubar comida.

– O que acha de escaparmos daqui? – propus a ele.

– E para onde iremos? – ele me perguntou.

Enquanto pensava nisso, lembrei da imagem de uma cidade fria, cheia das marcas de desolação de sua história.

BERLIM, VAMOS PARA BERLIM.

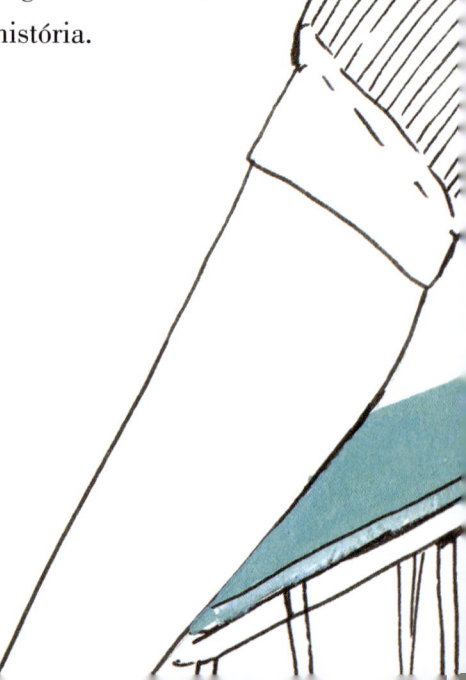

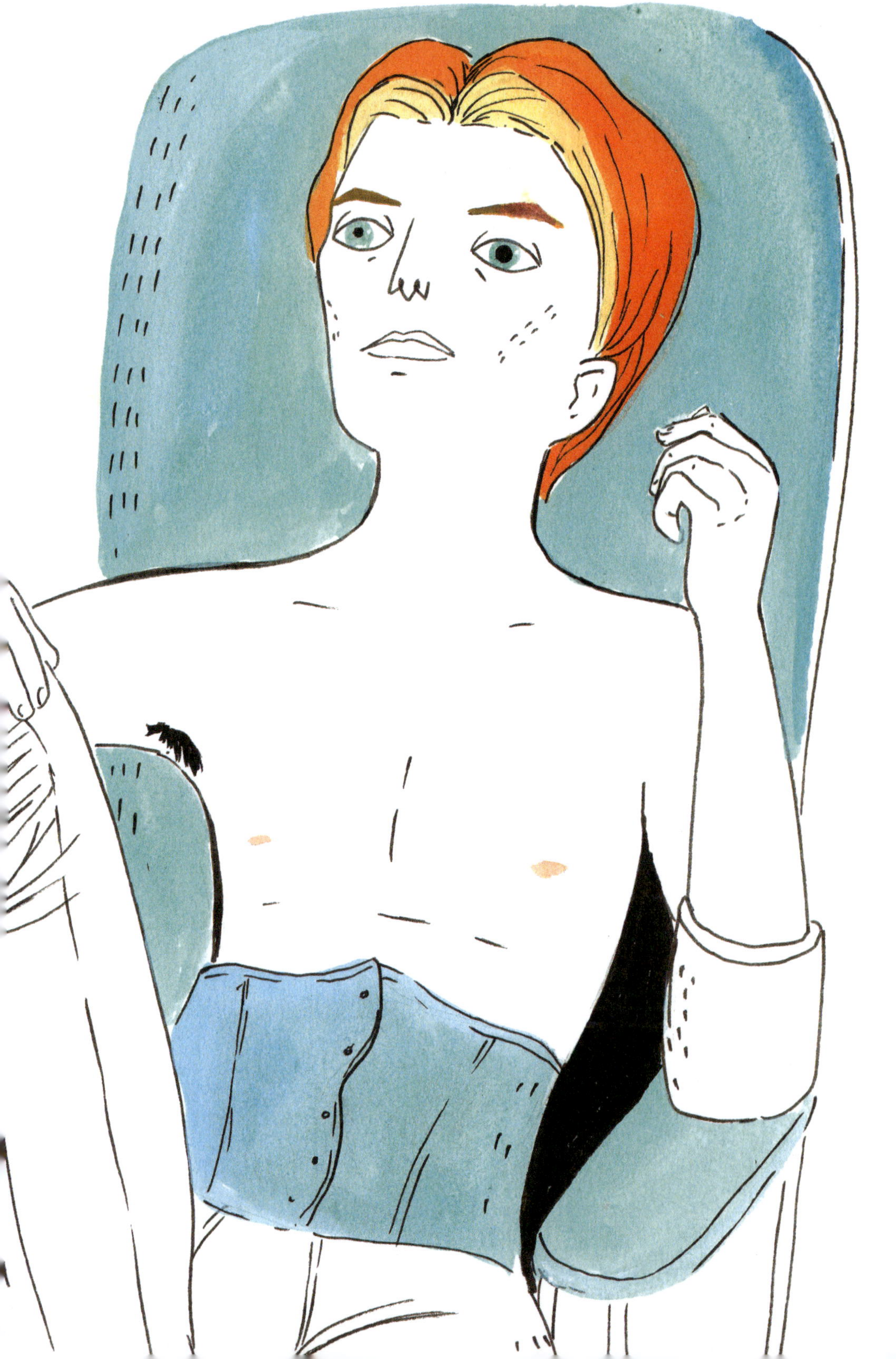

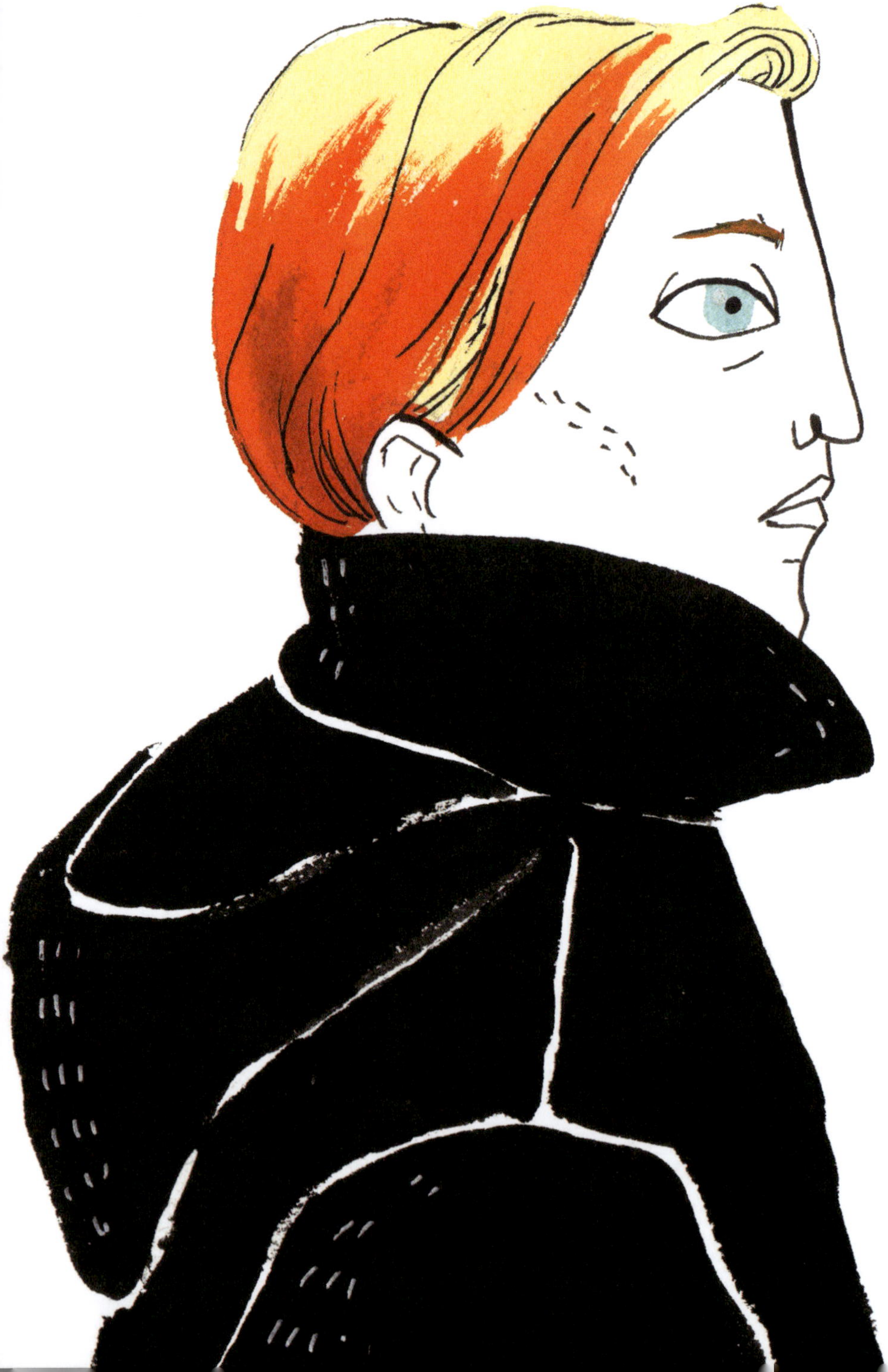

DE PÉ JUNTO AO MURO

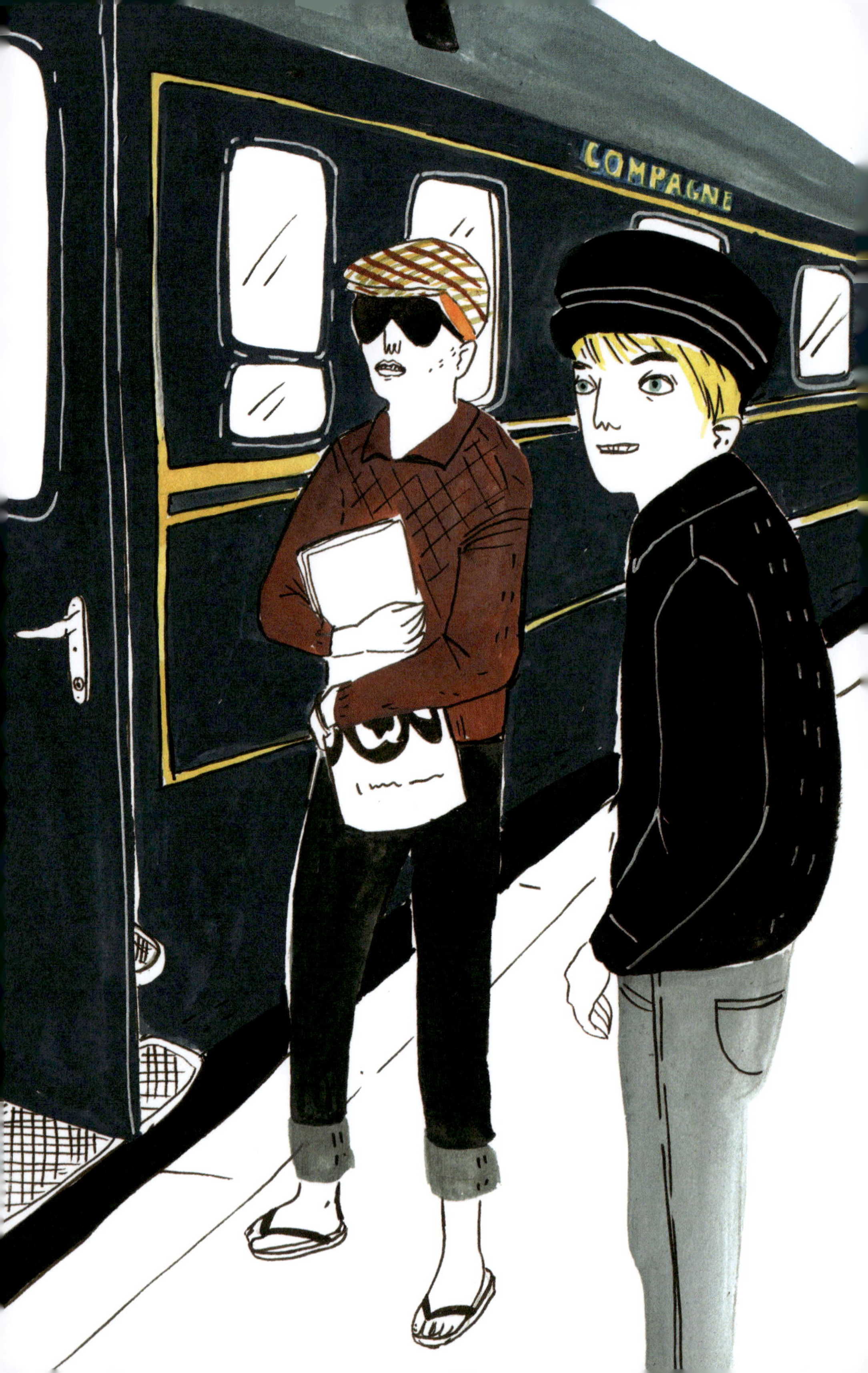
COMPAGNE

E assim havia chegado o momento de fechar os livros de ocultismo e voltar ao mundo dos vivos, e, para fazer a turnê de *Station to Station*, voltei à Europa.

Jim e eu fizemos uma viagem de trem através do continente que nos levou até Moscou. As paisagens e as pessoas que desfilavam do outro lado da janela ficaram gravadas em mim: pareciam presos ao passado. A KGB seguia nossos passos. Tudo era frio e distante.

Os céus e as cidades do Leste Europeu pareciam estar alinhados com o estado da minha alma. O amor que eu dava ou recebia nunca conseguia abafar meu abismo interior. Resolvi deixar tudo como estava: tinha que aprender a lidar comigo mesmo.

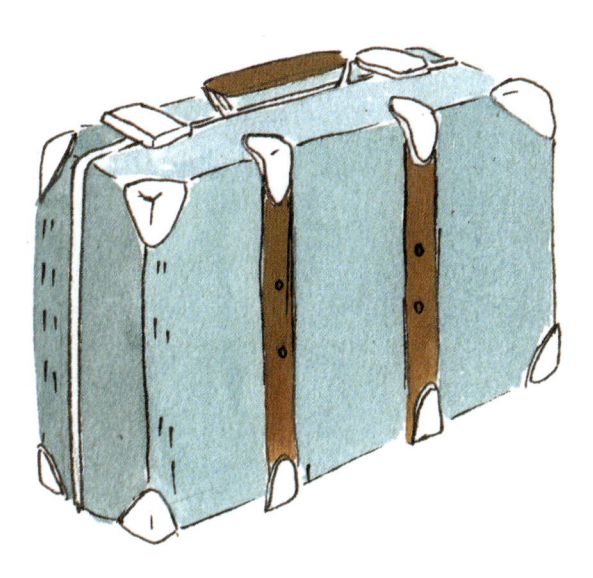

Ao voltar para Londres, vi com certa satisfação que uma multidão de fãs me esperava em Victoria Station e acenei para eles de dentro de um carro conversível.

ALGUM IDIOTA APROVEITOU MINHA FOTO COM A MÃO LEVANTADA E A MANCHETE JÁ VEIO PRONTA: "BOWIE É NAZISTA?".

Era incrível: estava voltando dos Estados Unidos depois de dois anos de render tributo ao soul, ao funk e ao rhythm and blues, de viver um longo romance com Ava Cherry e de mergulhar na cultura afro-americana, e agora me chamavam de nazista.

Sim, eu tinha feito declarações pedindo um líder forte para a Inglaterra; compartilhava a ideia de que Hitler tinha sido a primeira estrela de rock e a simbologia nazista continuava a me fascinar, mas, além de ser parte de minha psicose associada à cocaína, aquilo tudo não passava de mero substrato para minha criação. Em minhas canções, eu não sonhava com a volta do fascismo, isso estava claro. Mas tinha de aprender a ser mais cuidadoso com minhas manifestações.

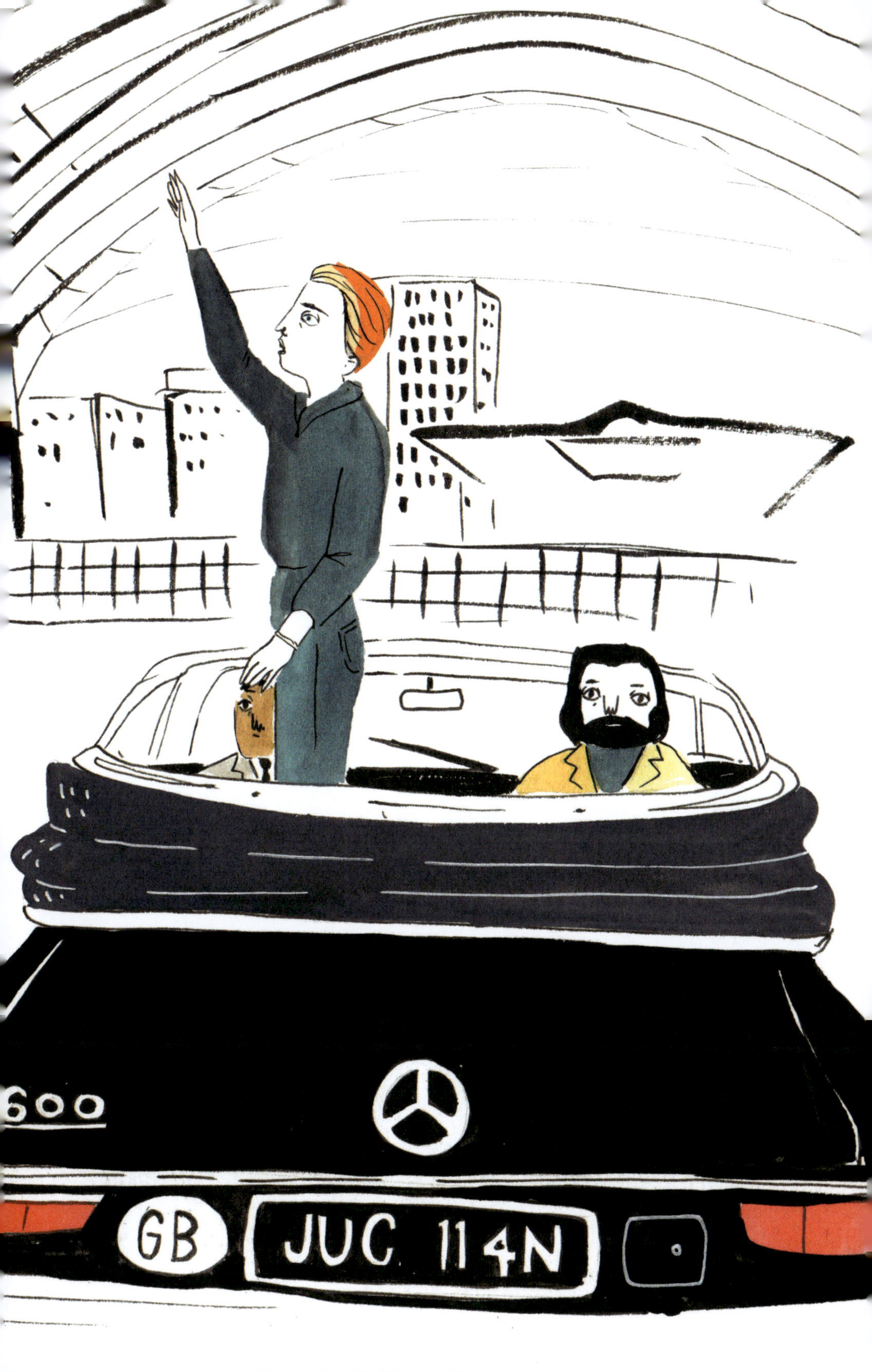
600
GB
JUC 114N

Angie tinha procurado cuidadosamente uma linda residência para nós em Blonay, na Suíça. No entanto, quando atravessei o umbral daquela casa, me dei conta de que não queria morar ali. E assim Iggy e eu nos mudamos para o Château d'Hérouville, onde eu gravara *Pin Ups* três anos antes. Estávamos acompanhados apenas por Coco e o pessoal necessário. Zowie passava algumas temporadas conosco.

Iggy e eu nos drogávamos menos. Concentramos nossas energias no que seria o primeiro disco solo de meu amigo: *The Idiot*. Eu cuidei do trabalho de produção do disco.

À medida que o finalizávamos, o som que eu desejava para meu próximo disco ia ficando claro em minha mente. Havia alguns anos eu descobrira Kraftwerk, uns alemães que tinham criado um som meio desumano, mas ao mesmo tempo instigante. Era justamente o que eu queria. Reuni os músicos adequados, entre os quais se encontravam, de novo, Carlos Alomar e Tony Visconti, mas o decisivo foi contar com Brian Eno. O antigo membro do Roxy Music, que era meu concorrente na fase Ziggy, havia começado um caminho de experimentação que o levara a criar a minimalista música *ambient*.

BRIAN APLICAVA EM SEU TRABALHO TUDO O QUE TINHA APRENDIDO NA ESCOLA DE ARTE, E PENSEI: "VAMOS VER SE PODEMOS DESTRUIR TAMBÉM ESSA PARTE DA CULTURA".

Da mistura das ideias vanguardistas de Eno com a habilidade de meus músicos surgiam uns sons alucinantes.

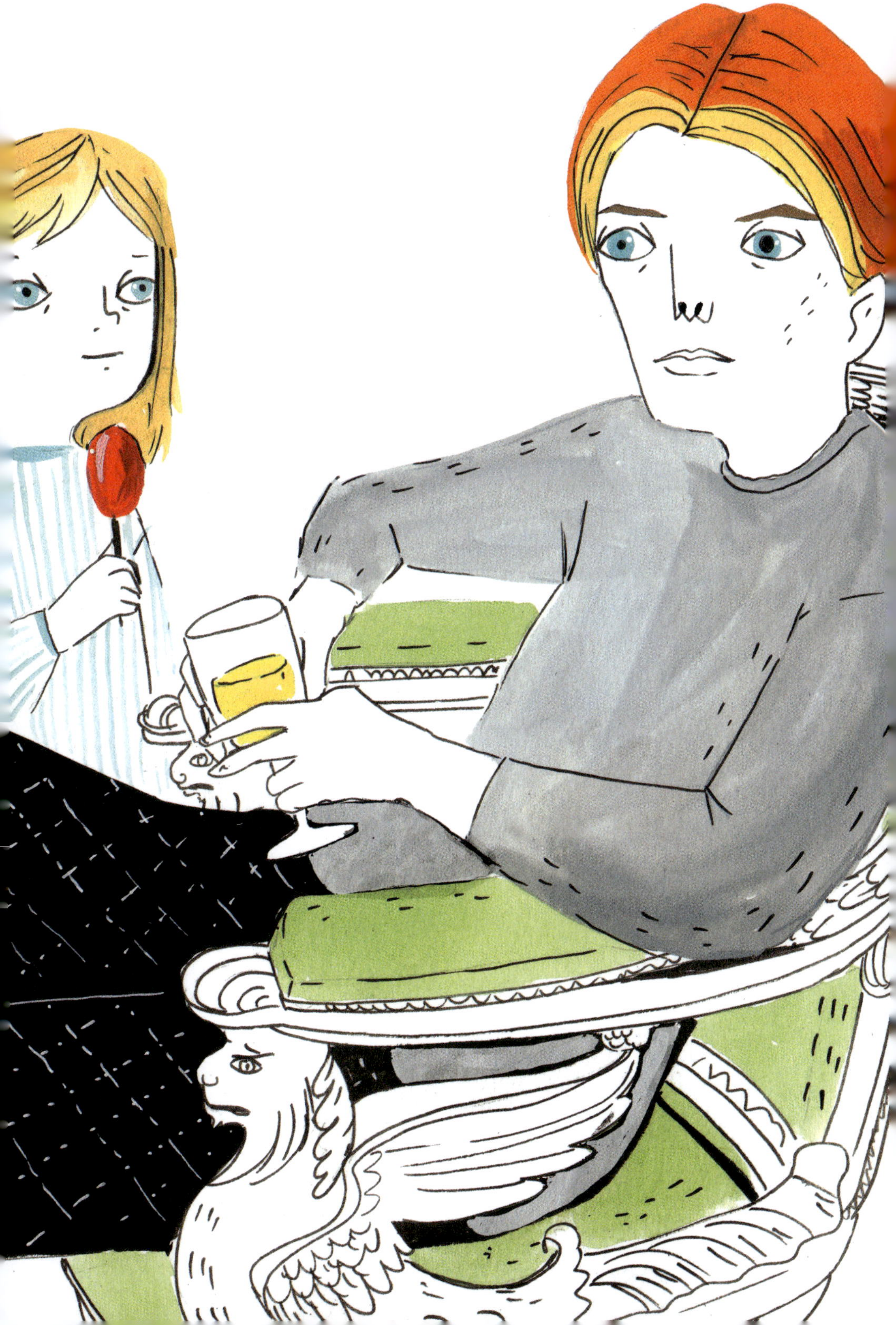

Sabia que a gravadora não iria gostar de meu novo trabalho, mas isso não me importava. Tinham acabado os tempos da fama e da promoção. Queria fazer minha música, e *Low* era toda uma declaração de princípios.

AGORA ME SENTIA MAIS LIVRE. SÓ PRECISAVA DE DETERMINAÇÃO POSITIVA PARA COMEÇAR A FAZER SIMPLESMENTE AQUILO QUE QUERIA FAZER, E NÃO O QUE SE ESPERAVA DE BOWIE OU DE QUALQUER UM DE SEUS PERSONAGENS.

Eu insistia nesses assuntos por causa das feridas abertas em Los Angeles, e também pelo que tinha visto detrás da Cortina de Ferro. Como resposta ao que estávamos conjurando, o castelo reagiu desencadeando todo tipo de fenômenos sobrenaturais. Eu estava tão ligado nesses fantasmas que não me dei conta de que meu filho Zowie estava crescendo sem nenhum vínculo estável. Só percebi isso quando o garoto perguntou a Carlos Alomar, no momento em que este saía do castelo depois de terminar a gravação, se ia se esquecer dele. Aquilo me entristeceu enormemente. A partir de então, eu tentaria me empenhar mais nessa questão.

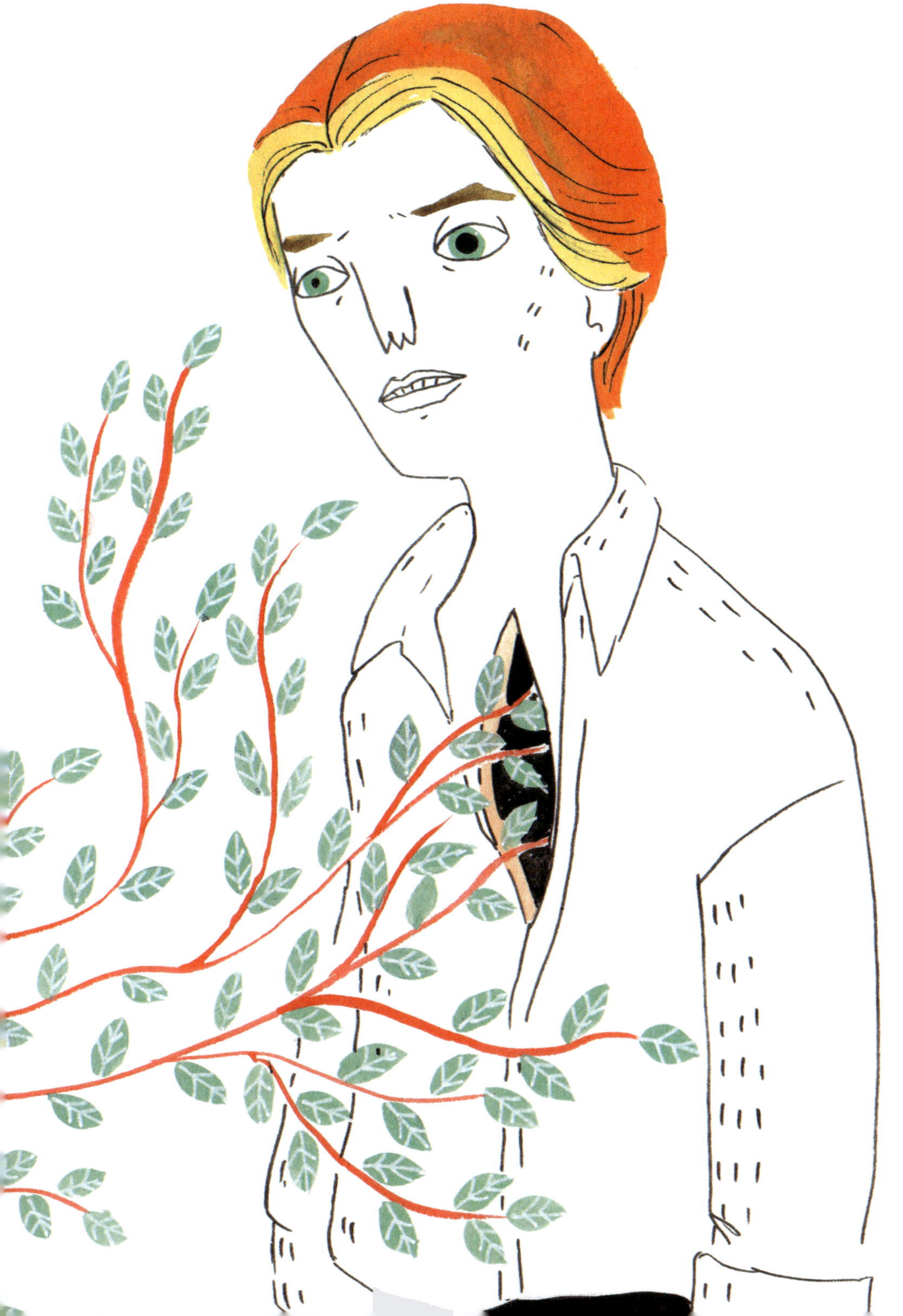

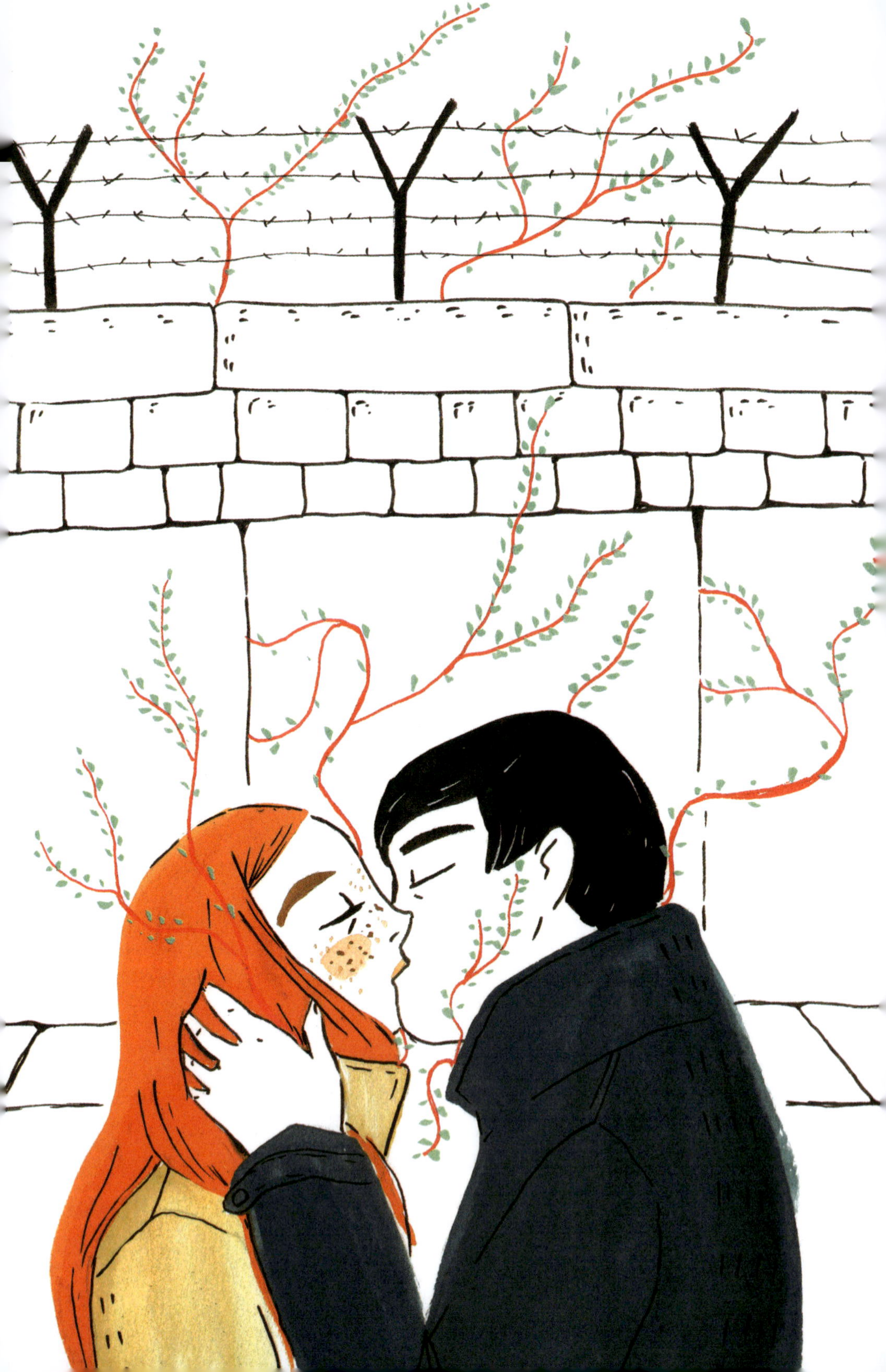

Tony Visconti e eu fomos até os estúdios Hansa para terminar de produzir o novo disco. Por fim estávamos em Berlim. Nem Jim nem eu perdemos muito tempo olhando para a parada de sucessos. Berlim nos solicitava, e assim mergulhamos nela como dois gatos de rua. Passávamos horas em seus cafés e cabarés.

Contamos com uma cicerone excepcional: Romy Haag, que caiu em minha rede de sedução em pouquíssimo tempo. Ela parecia saída da Berlim dos anos 1930. Mergulhamos em tudo o que a cidade nos oferecia, e fazíamos nossas farras, mas sem perder as estribeiras. Eu tinha que cuidar para que os "camelos" de Berlim não chegassem muito perto de Jim, e ele fazia o mesmo comigo. Assim eram as coisas: devíamos cuidar um do outro.

IGGY E EU TÍNHAMOS GRAVES PROBLEMAS COM AS DROGAS. PARA RESOLVER ISSO, NOS MUDAMOS PARA BERLIM, A CAPITAL MUNDIAL DA HEROÍNA.

Jim caminhava catorze quilômetros todos os dias para manter a forma. Eu gostava de me perder nos bairros dos trabalhadores estrangeiros e passar horas em suas pequenas lojas sem que ninguém me reconhecesse. Em seguida nos juntávamos e contávamos um ao outro as novidades.

Os imigrantes, os cabarés e um muro de concreto dividindo a cidade ao meio: tudo aquilo era Berlim. Não podia deixar de imaginar um casal de amantes se beijando em frente ao Muro para desafiar aquela estrutura de arame farpado e de descrença. Assim nasceu "Heroes", um hino que lembrava que nada era mais transgressor do que o amor entre duas pessoas.

Apesar de ter anunciado em alto e bom som que de um lado estava a New Wave, de outro a Old Wave, e de outro ainda David Bowie, a RCA não obteve grandes lucros com *"Heroes"*. Mas eu estava satisfeito com aquela etapa tão produtiva. Em um ano tinha gravado quatro discos que se tornariam históricos: *The Idiot*, *Low*, *Lust for Life* e *"Heroes"*. A música que estava fazendo me preenchia e eu ainda tinha o consolo maldoso de saber que Defries ganhava cada vez menos em cima de meu trabalho.

As coisas estavam mudando. As drogas já não significavam uma ameaça à minha sobrevivência física ou à minha estabilidade mental, tinha a sensação de que estava deixando para trás muitas das cargas que alguns anos antes estavam me asfixiando e, como se tudo fosse entrando nos eixos, minha relação com Angie chegou ao fim.

    Numa entrevista, ela me acusou de ter-lhe arrancado Zowie durante o Natal de 1977. Aquele escárnio por meio da imprensa sensacionalista foi uma declaração de guerra. A raiva que senti naqueles dias dissolveu as últimas lembranças do carinho e do apoio que Angie e eu tínhamos dado um ao outro durante anos. Todas as nossas tentativas de reconstruir aquela situação tinham fracassado. Decidi fazer o que sempre fizera: virar a página.

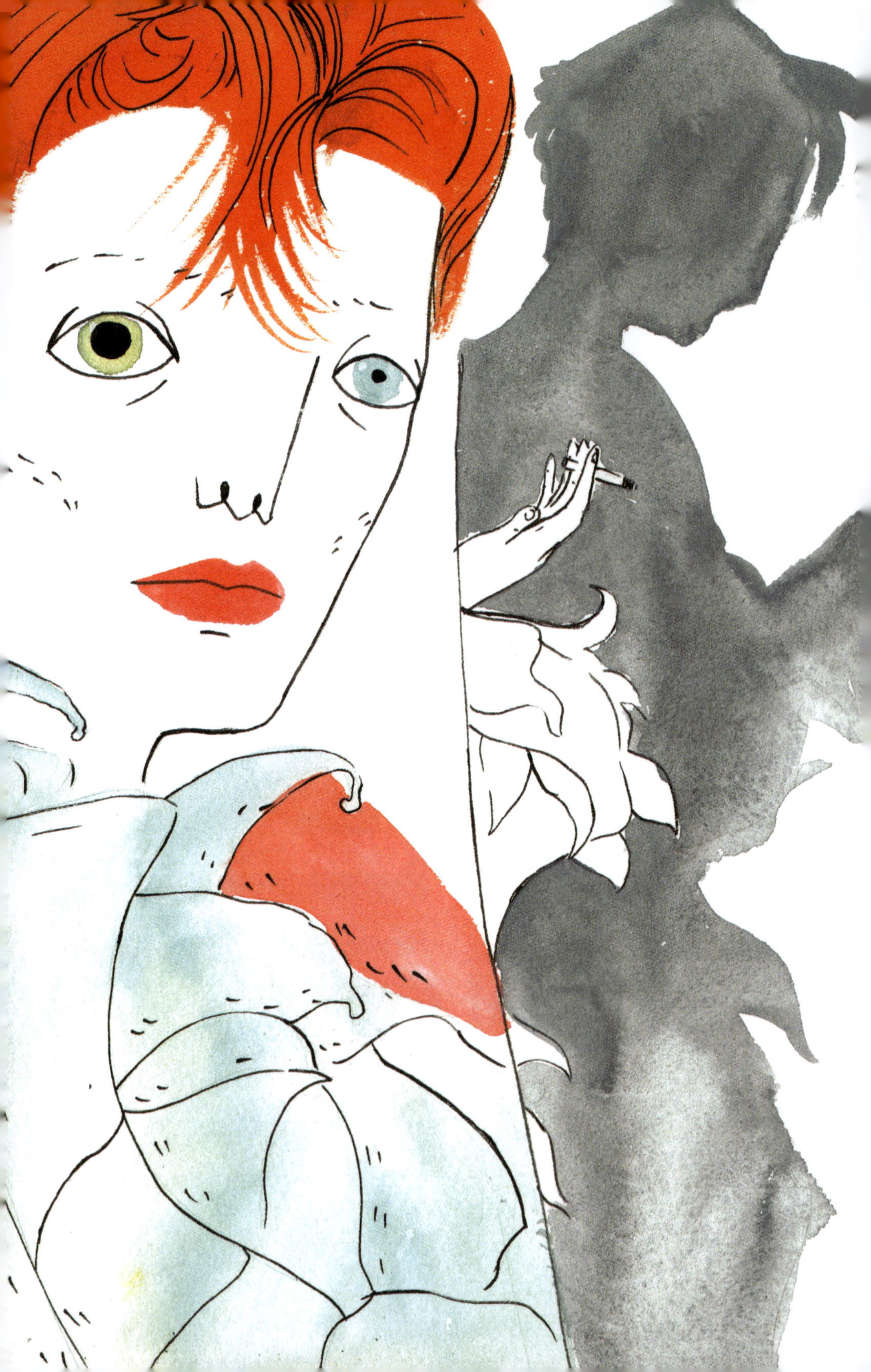

META UMA BALA EM MEU CÉREBRO
E VOCÊ VAI SAIR NAS MANCHETES

A sombra de Angie foi se desvanecendo aos poucos, e Zowie e eu iniciamos uma nova vida. Nós dois precisávamos de um merecido descanso, e eu queria que os olhos de meu filho brilhassem com descobertas luminosas. As paisagens africanas e a fauna selvagem que apareciam nos livros dele podiam ser uma boa maneira de começar, e assim fomos passar uma temporada no Quênia.

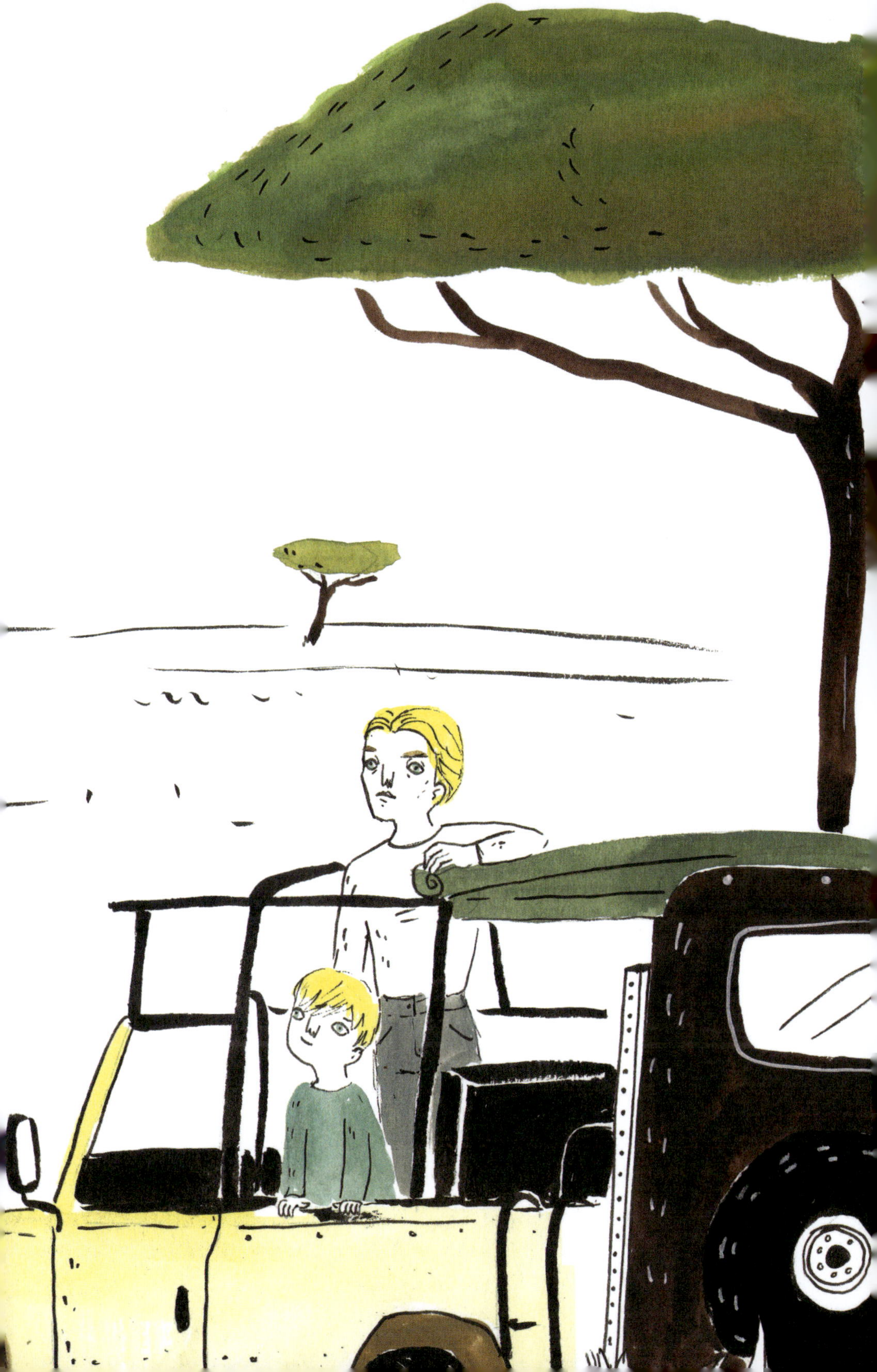

Quanto à música, eu continuava a experimentar com Eno, e o álbum *Lodger* não ficou nada mau. No entanto, estava voltando a sentir aquelas cócegas nas asas que eu já tinha aprendido a identificar: a necessidade constante de trocar de plumagem. Talvez uma turnê me permitisse colher novas ideias e também servisse para gravar um disco ao vivo e reduzir os compromissos com minha gravadora, a RCA, da qual também queria me desligar. Eu já tinha prestígio suficiente para escolher os músicos com quem queria tocar. Num concerto de Frank Zappa conheci Andrew Bewley, um guitarrista que quis incorporar à banda e à turnê. Zappa não achou graça nenhuma. Eu me sentia como um enxadrista que move suas peças lenta e astuciosamente para recuperar o controle de sua vida.

Isso passava por ter que me distanciar de muitos amigos e ídolos musicais que estavam à deriva por causa das drogas. Um deles foi Iggy, e outro foi Lou Reed. Quando ele me pediu para produzir o disco que estava compondo, como fizera alguns anos antes com *Transformer*, eu disse a ele que isso dependia de ele estar disposto a ficar pilhado e abandonar as drogas. Ele se levantou, enfurecido, e me esbofeteou. Como eu me atrevia a falar com ele daquele jeito?, gritou. Antes que eu pudesse responder a ele com outro soco, já tinham nos separado e Lou já saíra do bar. Mas eu não ia deixar que aquilo ficasse daquele jeito: me plantei em frente ao hotel em que ele se hospedava e o desafiei a sair do quarto para terminarmos a briga. Como ele, muito covardemente, não apareceu, me vinguei roubando o guitarrista dele também.

Os anos 1970 tinham terminado. Me descobri celebrando, com alívio, o fato de ter conseguido sobreviver àquela década. Muitas coisas tinham ficado para trás. O que o futuro me traria? Bem, outros em meu lugar iriam consultar a borra do café ou se abrigar numa doce nostalgia. Eu me pus a trabalhar.

Me mudei outra vez para Nova York. Cada vez passava mais tempo com Lennon e Yoko. Tínhamos passado por coisas muito parecidas, nos entendíamos perfeitamente. O carinho de irmão caçula que sentia por John foi crescendo naquela época. Era bom não se sentir só.

E minha carreira ia de vento em popa. Meu disco seguinte, *Scary Monsters*, foi um grande sucesso. A crítica adorou e o disco vendeu maravilhosamente bem.

Como numa declaração de princípios, no single "Ashes to Ashes" eu mandava para o túmulo todos os heróis que tinha criado nos anos 1970.

Viver de meu passado não era uma opção.

Disposto a enriquecer minha faceta de ator, aceitei um importante papel no teatro. Meu próximo disfarce foi o de Joseph Merrick, o homem-elefante, e o palco, a Broadway. O histórico de Merrick era fascinante e foi ao ver seu crânio exposto na Universidade de Londres que eu soube como encarar o papel. Meus companheiros de elenco esperavam ver chegar aos ensaios uma estrela de rock contratada como mero apelo publicitário, mas bastaram umas poucas atuações para convencê-los de que a etiqueta Bowie abrigava um artista completo, que não à toa já trabalhava havia muitos anos.

As críticas foram excelentes, e os mesmos atores que haviam desconfiado de mim agora me tratavam como um deles. Confiaram tanto em mim que às vezes, durante a representação, quando eu tinha de me meter na banheira, descobria que haviam colocado ali alguns consolos e revistas eróticas para que eu precisasse segurar o riso.

E foi então que um golpe inesperado mudou tudo para sempre. Enquanto via as notícias na TV, tentava me convencer de que aquilo era uma piada: John Lennon, o cara mais estupendo sobre a face da Terra, fora assassinado por um maluco. Eu acabava de perder uma fonte de inspiração, alguém que tinha me protegido em momentos difíceis e um de meus poucos amigos de verdade. Como o mundo podia matar alguém que o enchera de vida graças à sua arte? Rolaram alguns rumores: Mark Chapman, o assassino, assistira a *O homem-elefante*, e meu nome aparecia em sua lista. De repente eu só queria uma coisa: me isolar o máximo possível.

O HOMEM-ELEFANTE

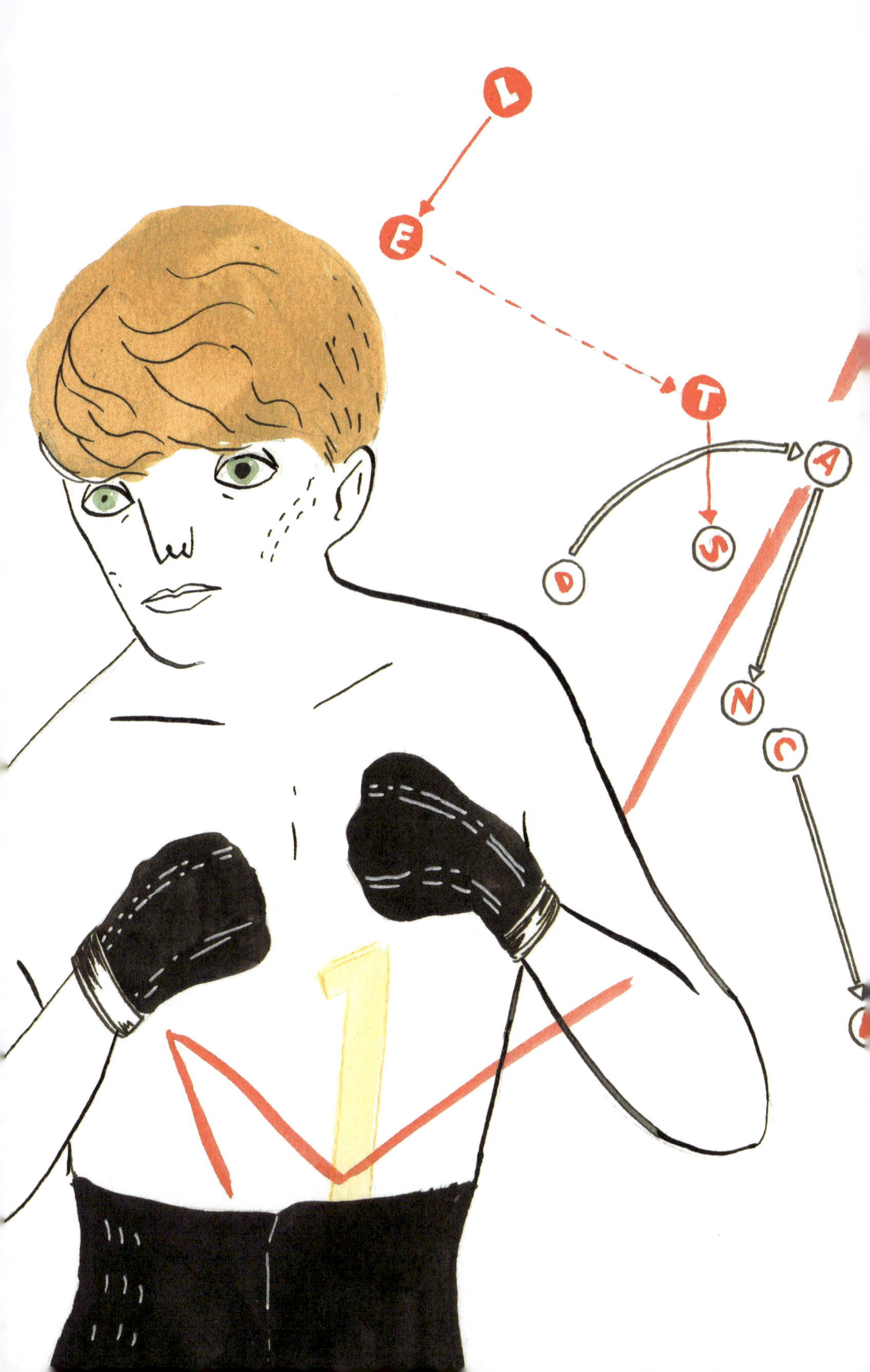

L
E
T
S
D
A
N
C

DANÇANDO COM OS PEIXES GORDOS

Me recolhi durante uma temporada. Não havia nada que eu quisesse contar para o meu público, só queria descansar e pensar. O lugar ideal para fazer isso era a Suíça, e a companhia, a de meu filho. Já não queria que o chamassem de

Zowie, e sim de Joey. Estava chegando à adolescência e, para se transformar num adulto, precisava se livrar da carga de ser o filho de Bowie. Era incrível ver como sua própria personalidade estava se desenvolvendo.

Na Suíça, encontrei outros pupilos meus: o pessoal do Queen. Freddie Mercury e eu tínhamos nos conhecido no final dos anos 1960 num mercadinho, quando ainda não éramos ninguém. As coisas tinham mudado bastante para todos.

Começamos a improvisar no estúdio, e o resultado foi "Under Pressure". Sabia que seria um sucesso, mas cedi os direitos para a banda. Não era uma decisão altruísta: simplesmente não queria que a MainMan continuasse a ganhar dinheiro com o meu trabalho.

Aquele período de pausa me serviu para retomar a relação com as pessoas das quais estava afastado havia muito tempo: minha mãe e Terry. Ela se alegrou por voltar a me ver; desde que meu pai morrera, não tínhamos passado muito tempo juntos. Com meu irmão as coisas foram mais duras: ele tentara se matar atirando-se de uma janela em Cane Hill. Quando fui visitá-lo, mostrou-se feliz, mas a mim custou muito encarar seus olhos envelhecidos, cada vez mais prisioneiros de sua terrível doença e que pareciam implorar por uma ajuda que eu não sabia dar.

NÃO SEI O QUANTO DISSO É LOUCURA. ACHO QUE HÁ UMA TERRÍVEL QUANTIDADE DE MUTILAÇÃO EMOCIONAL E ESPIRITUAL EM MINHA FAMÍLIA. E ISSO ME TOCOU DE DIVERSAS MANEIRAS AO LONGO DOS ANOS.

Restava-me o consolo alentador de poder ajudar meu filho. Em 1984, ele tinha passado algum tempo com sua mãe e seu amante da época. Nenhum dos dois deu a menor bola para a sua presença, e por isso Joey decidiu não voltar a ver Angie. Ainda que a falta de amor materno fosse algo que ele devia aprender a superar por conta própria, eu, de minha parte, não estava disposto a decepcioná-lo.

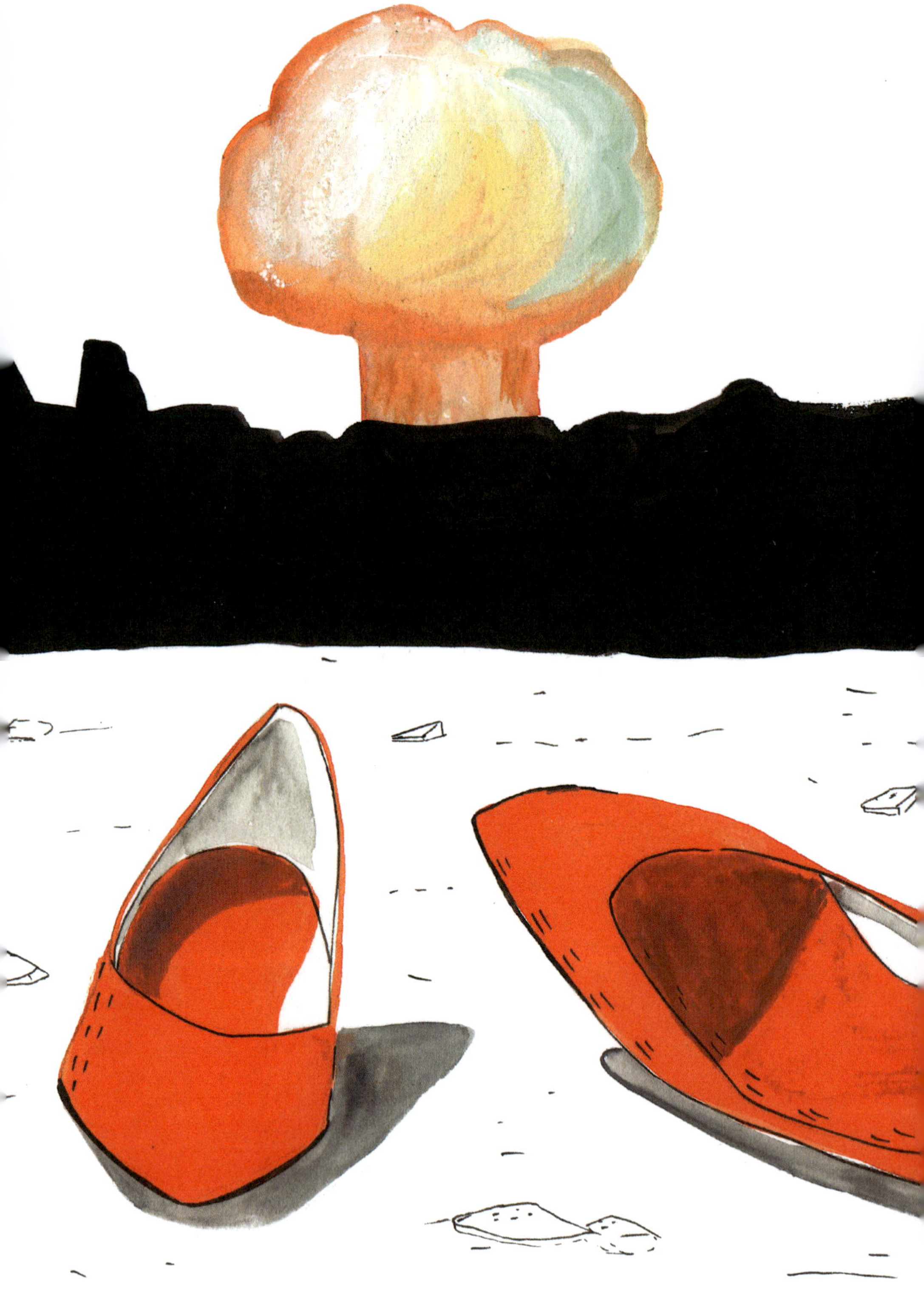

Afinal chegou o momento de me apropriar por inteiro de minha carreira. Quando minha dívida para com a MainMan foi saldada e meu contrato com a RCA rescindido, me dispus a recuperar o tempo e o dinheiro perdidos. Freddie Mercury prometera interceder por mim junto à sua gravadora, a EMI, e precisava de um disco para seduzi-los. Ele sabia quem queria que estivesse a meu lado: Nile Rodgers, que tinha arrasado com seu grupo funk Chic e despontava como produtor. Deixei claro para ele que eu me propunha a "fabricar sucessos", e pusemos mãos à obra até conseguir criar *Let's Dance*. A EMI adorou o álbum, e eu recebi dezessete milhões de dólares como adiantamento! A nova turnê na qual embarcamos, *Serious Moonlight*, foi impressionante: dezesseis países, 96 concertos, dois milhões e meio de ingressos vendidos... A turnê lotava os estádios noite após noite. A maioria daqueles fãs tinha acabado de me descobrir com canções como "Let's Dance" ou "Modern Love", que iam acompanhadas de videoclipes nos quais eu me encarregara de supervisionar até o último detalhe. Poucos tinham ouvido falar de Brian Eno ou de Kraftwerk. Claro que alguns me acusaram de ter virado comercial demais, como se minha única função na vida fosse criar a música de que eles precisavam. Mas eu curti como uma criança o fato de estar na primeira linha do pop.

Enquanto eu me encarregava da divulgação de meu novo trabalho, *Tonight*, recebi a dolorosa notícia do suicídio de Terry. Ele conseguira escapar de Cane Hill e fora até os trilhos do trem para acabar com seu sofrimento. Eu tinha acabado de fazer 38 anos.

Decidi não comparecer ao seu enterro: não estava disposto a transformar a morte de meu irmão num espetáculo e interpretar o papel do *superstar* que também sofre. Enviei uma coroa de flores que dizia:

VOCÊ VIU MUITO MAIS COISAS DO QUE PODEMOS IMAGINAR, MAS ESSES MOMENTOS VÃO SE PERDER COMO AS LÁGRIMAS LEVADAS PELA CHUVA. QUE DEUS O ABENÇOE.

A imprensa me crucificou: eu não era mais do que um ser humano frio que tinha dado as costas para minha família e abandonado meu irmão durante muitos anos. Quem eram eles para saber o que eu estava sentindo? Onde estavam quando Terry começou a sofrer? Por acaso sabiam alguma coisa sobre minha frustração a cada vez que o via e me dava conta de que o estava perdendo pouco a pouco?

E, como se isso não fosse suficiente, parecia que lavar a roupa suja de David Bowie havia se transformado numa atividade lucrativa. Depois do que aconteceu com Terry, começaram a vasculhar meu passado e todos os problemas mentais de minha família vieram à luz. Aquilo foi terrivelmente doloroso, ainda mais quando descobri que algumas pessoas de quem gostava, como Tony Visconti ou Lindsay Kemp, tinham colaborado com aqueles livros. Me senti traído. Qualquer pessoa do meu entorno podia entrar nesse jogo de me transformar numa atração de circo.

Era esse o preço que eu devia pagar por ser uma estrela mundial do pop.

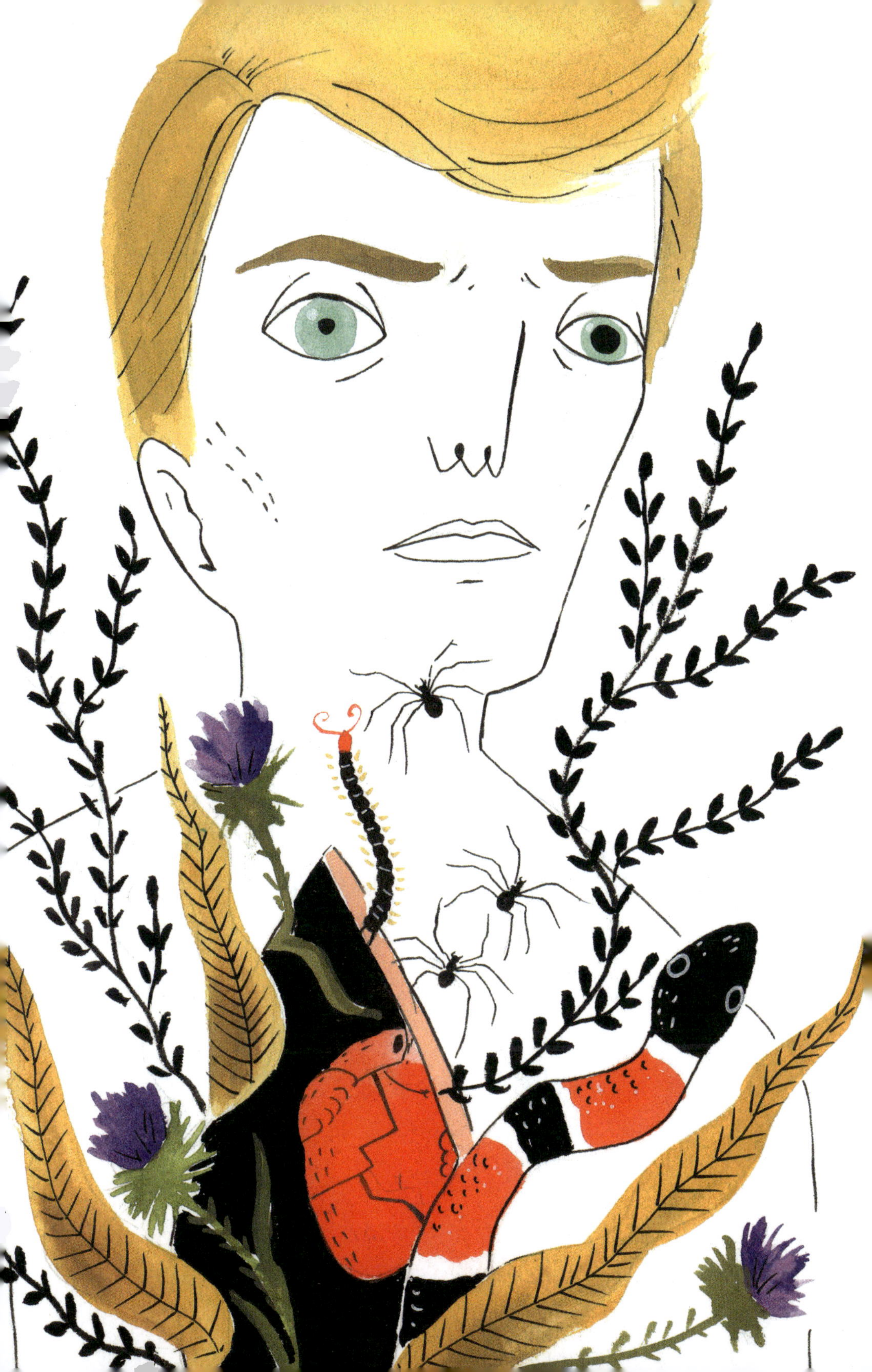

Apesar de tudo, não ia me enfiar num poço e desaparecer. Em 1985, participei do concerto solidário *Live Aid*, no estádio de Wembley. Cedi parte do meu tempo de show para a projeção de um vídeo que mostrava os estragos feitos pela fome na Etiópia, e as doações aumentaram. Dediquei "Heroes" a Joey e a todas as crianças do mundo.

Naquele mesmo ano rodei o filme *Labirinto: A magia do tempo*. Já que tanta gente pensava que eu era um monstro sem coração, decidi me transformar em um, e adorei ser o malvado de uma história como aquelas que lia quando era pequeno.

Também protagonizei *Absolutamente principiantes*, no qual dava vida a um insensível publicitário dos anos 1950.

Quando voltei ao estúdio em 1987 para gravar *Never Let Me Down*, o resultado me entediou tanto que pensei em abandonar tudo e me dedicar à minha outra grande paixão: a pintura. Numa clara atitude de "fuga para a frente", prossegui com as turnês e preparei aquilo que os tempos exigiam, o espetáculo mais deslumbrante possível: *Glass Spider*. Uma enorme aranha de fibra de vidro, luzes ofuscantes e dançarinos que desciam por cordas. Algo que nos deu uma quantidade de dinheiro só comparável ao tédio descomunal que meus músicos e eu sentíamos.

EU ADORAVA O MONTE DE DINHEIRO QUE ESTAVA GANHANDO E ERA ÓBVIO QUE, PARA GANHÁ-LO, EU TINHA DE DAR ÀS PESSOAS O QUE ELAS QUERIAM, MAS O OUTRO LADO DAQUILO ERA QUE, COMO ARTISTA, EU ESTAVA SECANDO.

Em outubro do mesmo ano passei por um dos episódios mais amargos de minha condição de estrela. Wanda Lee Nichols, uma garota que nos acompanhava na turnê e com quem eu tinha transado, me acusou de estupro. O júri desconsiderou a acusação, mas aqui havia uma lição implícita: eu era uma estrela muito rentável e vulnerável a esse tipo de denúncia. Eu tinha de deixar para trás minhas noites de conquistas contínuas.

Uma vez encerrada aquela turnê odiosa, queimamos a enorme aranha e nos sentimos liberados. O show acabou e os músicos voltaram para suas casas com suas famílias.

De minha parte, atingira com folga meu objetivo de 1983: provavelmente nunca mais teria de voltar a me preocupar com dinheiro. Mas isso tinha me custado perder meu interesse como criador. E, apesar de que durante algum tempo tenha ficado com Melissa Hurley, dezenove anos mais jovem do que eu, alguma coisa não se encaixava. É que no fundo eu continuava a me sentir muito sozinho.

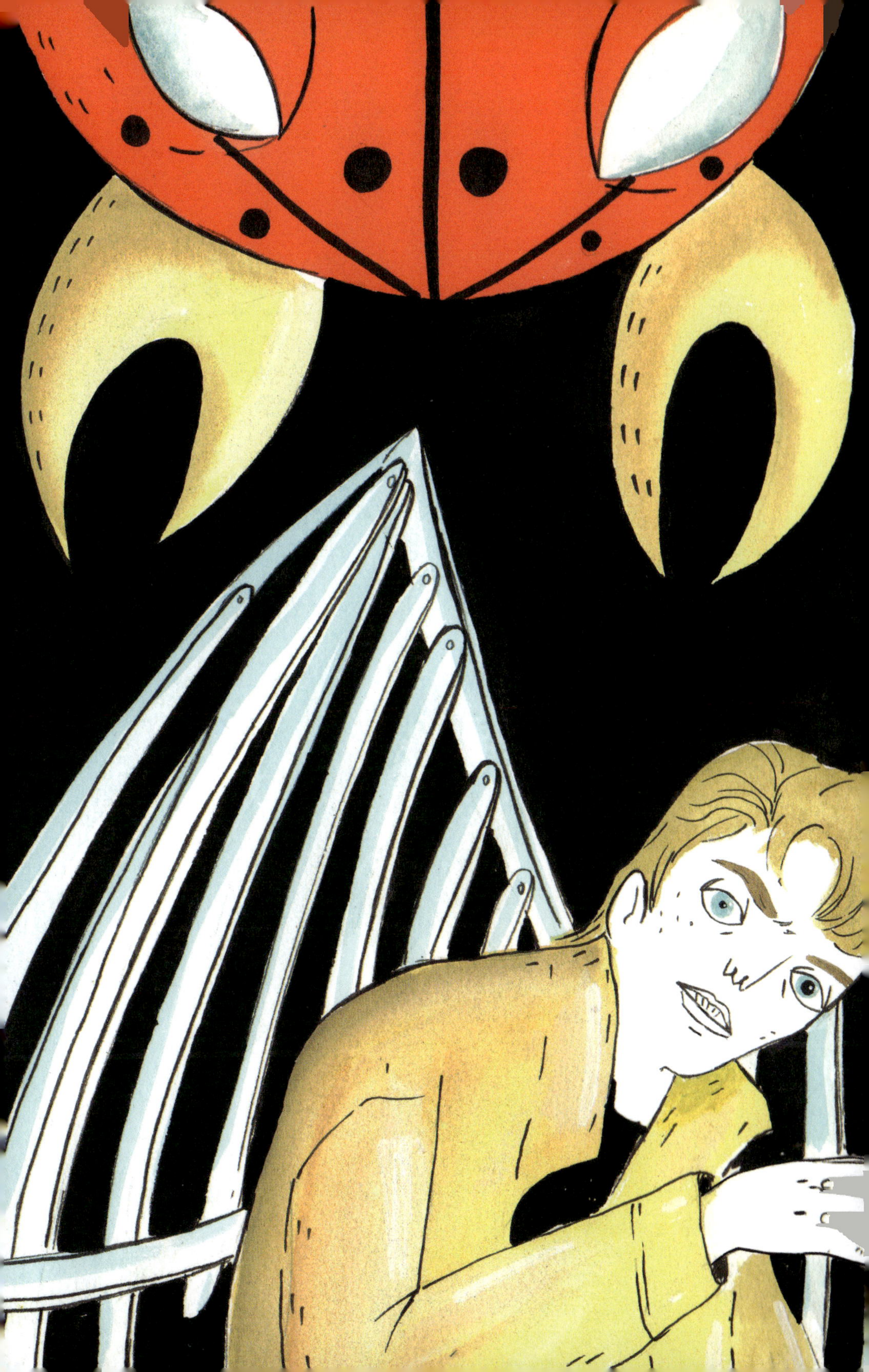

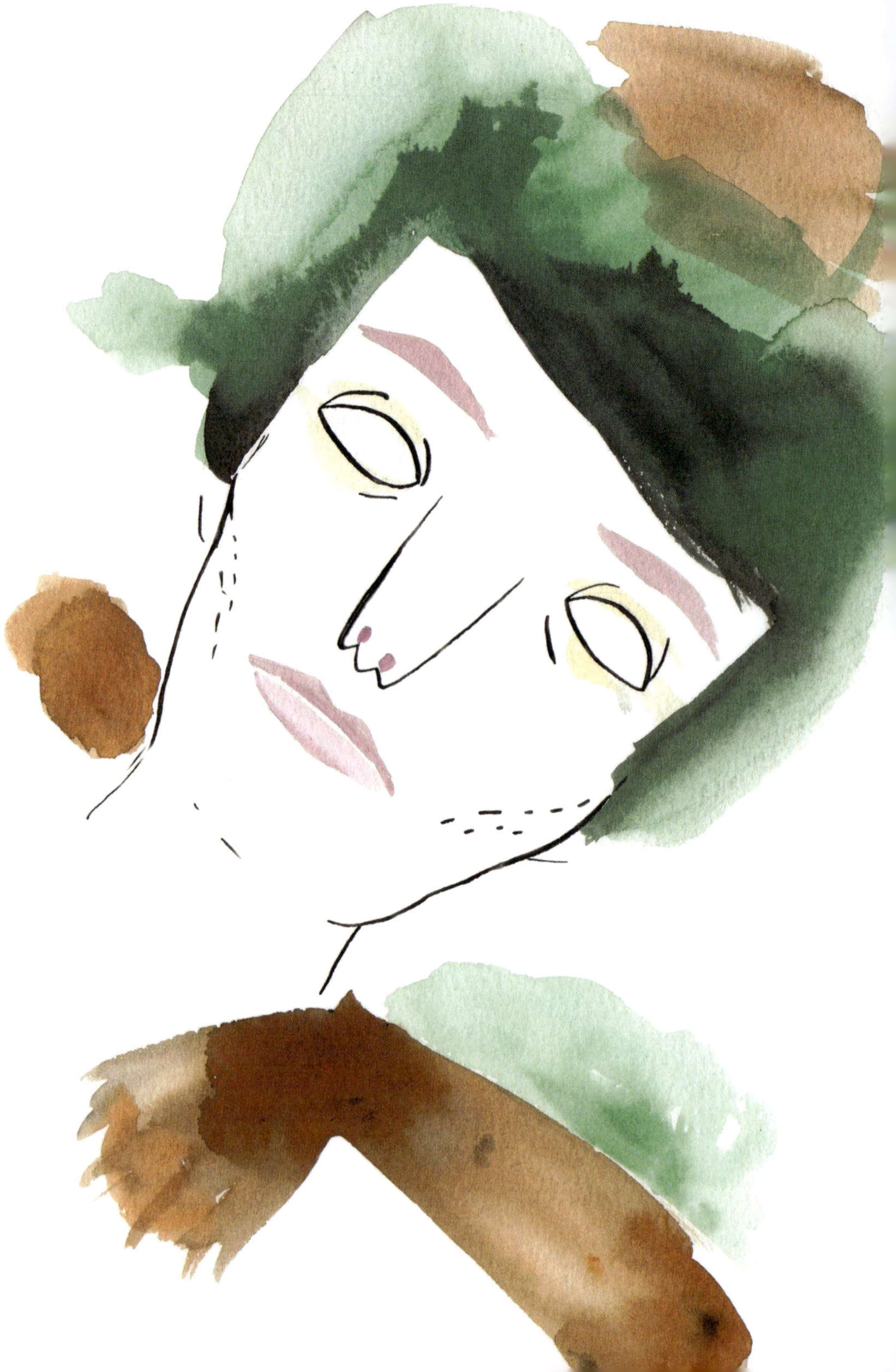

UM CORAÇÃO PARA O HOMEM DE LATA

Eu me afastara tanto de meu instinto criativo que a solução era vestir de novo a roupa de trabalho e começar de novo, do zero. A oportunidade surgiu por meio de Reeves Gabrels, marido de uma assessora de imprensa que havia trabalhado comigo em *Glass Spider*. Reeves era um guitarrista de estilo simples. Propus a ele que trabalhássemos juntos e um novo projeto começou a tomar forma em minha mente. Juntaram-se a nós os irmãos Tony e Hunt Sales, que tinham colaborado com Iggy e comigo em *Lust for Life*. Assim nasceu o grupo Tin Machine. Nossa intenção era fazer um som direto.

Se a gravadora EMI não gostou daquele movimento, eu não me deixei intimidar e lançamos nosso LP em 1989. Nós o gravamos nas Bahamas e a estreia para o público teve lugar num pequeno bar de Nassau onde tocamos para uns cinquenta turistas, que ficaram espantados. Decidimos que a turnê teria aquela forma íntima e aconteceria em clubes e pequenos locais de diferentes países.

Enquanto a crítica se mostrava perplexa, eu realmente curti muito fazer música. Precisava deixar de ser o *selo* Bowie, fazer parte de algo que não orbitasse apenas ao meu redor.

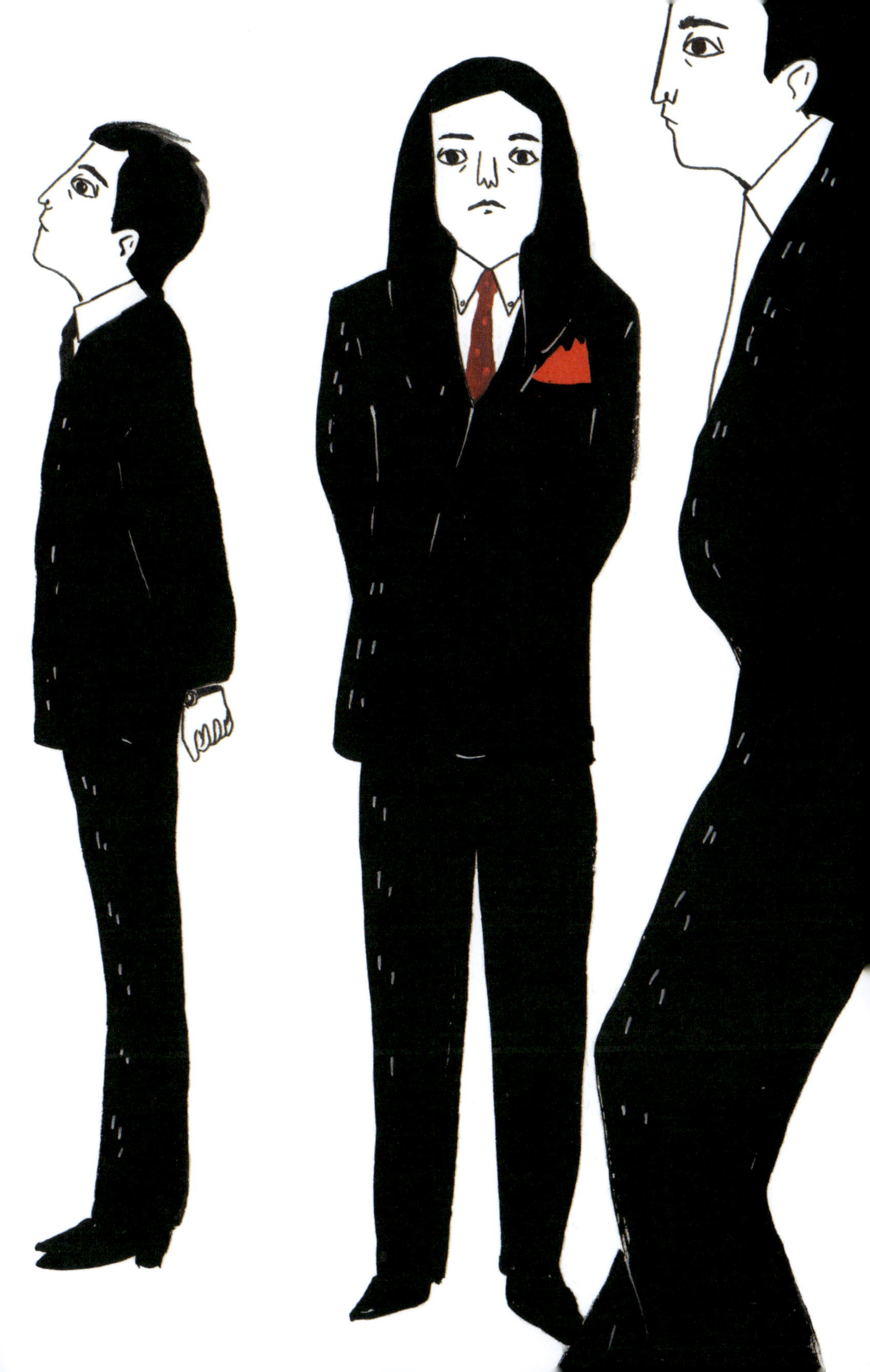

Com a nova década dando as caras na esquina e os outros membros da Tin Machine descansando, idealizei uma turnê solo para celebrar minha carreira. Uma vez terminada a turnê, compareci a outra daquelas festas que rolavam muito naquela época. Mas dessa vez topei com uma mulher que iria mudar minha vida para sempre: Iman Mohamed Abdulmajid.

Não fiz nada mais naquela festa além de conversar com ela. Quantos disfarces eu já tinha usado em minha vida, cada um se sobrepondo ao anterior? Iman desmontou todos eles. O *superstar*, o milionário, o sedutor irresistível... Todos eles iam caindo fulminados por seu olhar. David Bowie não causava medo em olhos que tinham visto desde a miséria da África até o glamour das passarelas, passando pela responsabilidade de gerenciar uma bem-sucedida empresa de cosméticos.

Iman não cedeu até me vislumbrar por completo. Quando já não restavam mais máscaras, mostrei-lhe o que se escondia debaixo de tudo: o alienígena isolado num planeta no qual nunca tinha se encaixado direito; esse era meu verdadeiro eu. Mas ela ainda não tinha acabado. Abriu algum zíper que eu mesmo tinha esquecido que existia e a pele cinzenta do extraterrestre caiu no chão.

Embaixo dela estava David Robert Jones. E ela sorriu, satisfeita.

Não demoramos a ir viver juntos. Minha vida como músico seguiu adiante: uma nova turnê com a Tin Machine, conflitos com a gravadora, companheiros de banda que abusavam das drogas...

Só que agora nada daquilo era prioritário. Meu principal objetivo era pedir a mão da pessoa com a qual queria passar o resto da minha vida.

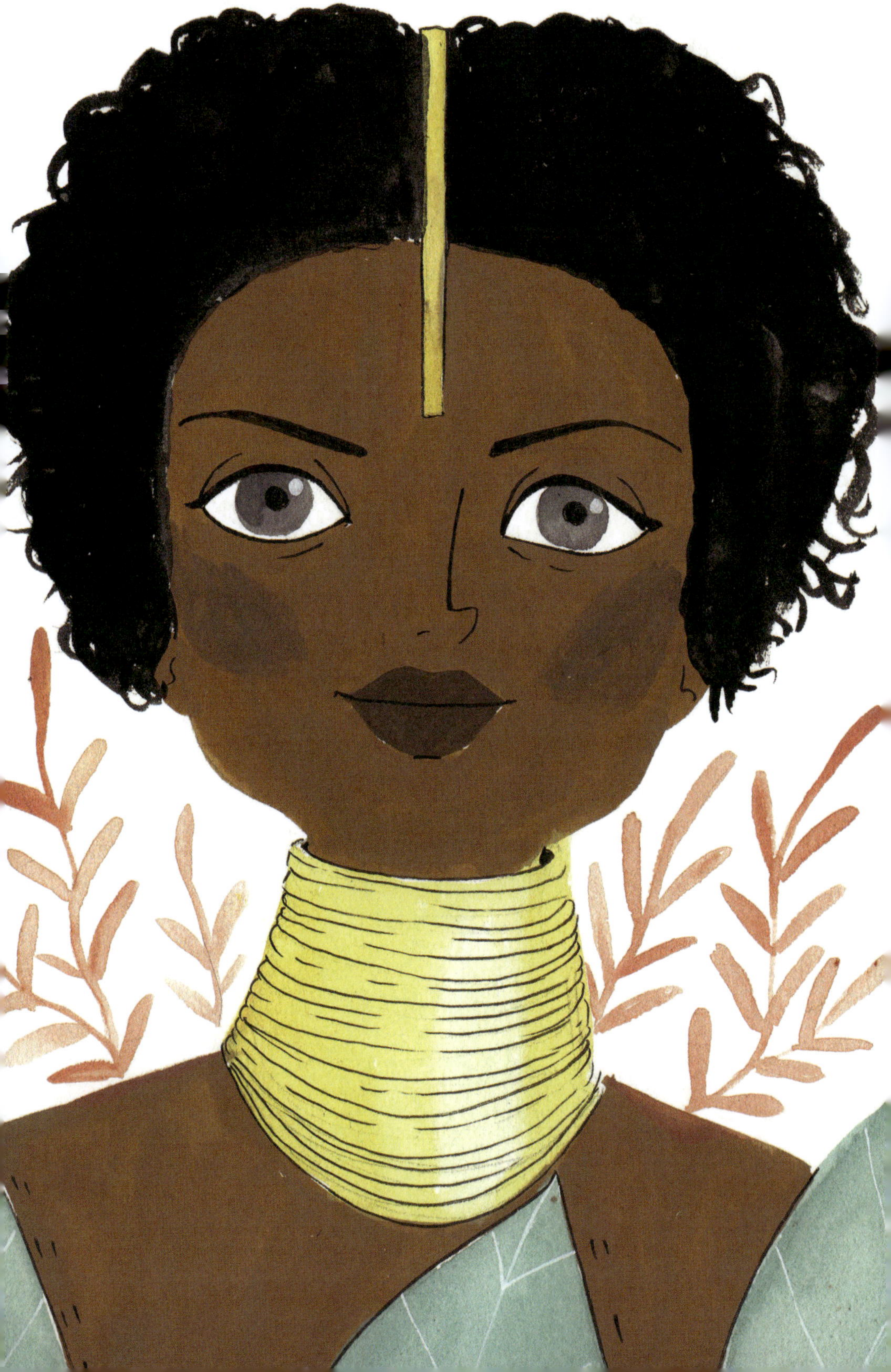

Iman e eu nos casamos em abril de 1992. "Agora somos nós dois. E, depois, todo o resto", eu disse a ela. Por isso nosso casamento foi uma cerimônia civil privada na Suíça, mas em junho celebramos a união em Florença com as pessoas que mais nos importavam: minha mãe, meu filho (que agora se fazia chamar de Duncan e com o tempo seria o afilhado de minha nova esposa), a família de Iman e todos os nossos amigos. A revista *Hello!* dedicou nada menos do que 23 páginas a uma reportagem sobre o casamento.

Iman estava radiante, eu nunca tinha visto nada tão luminoso.

Decidimos procurar casa em Los Angeles. A cidade estava em pleno caos por causa da revolta contra o espancamento de Rodney King. Tive que ver com meus próprios olhos a pior face dos Estados Unidos: como uns policiais bateram num garoto negro. Iman e eu decidimos nos instalar em Nova York.

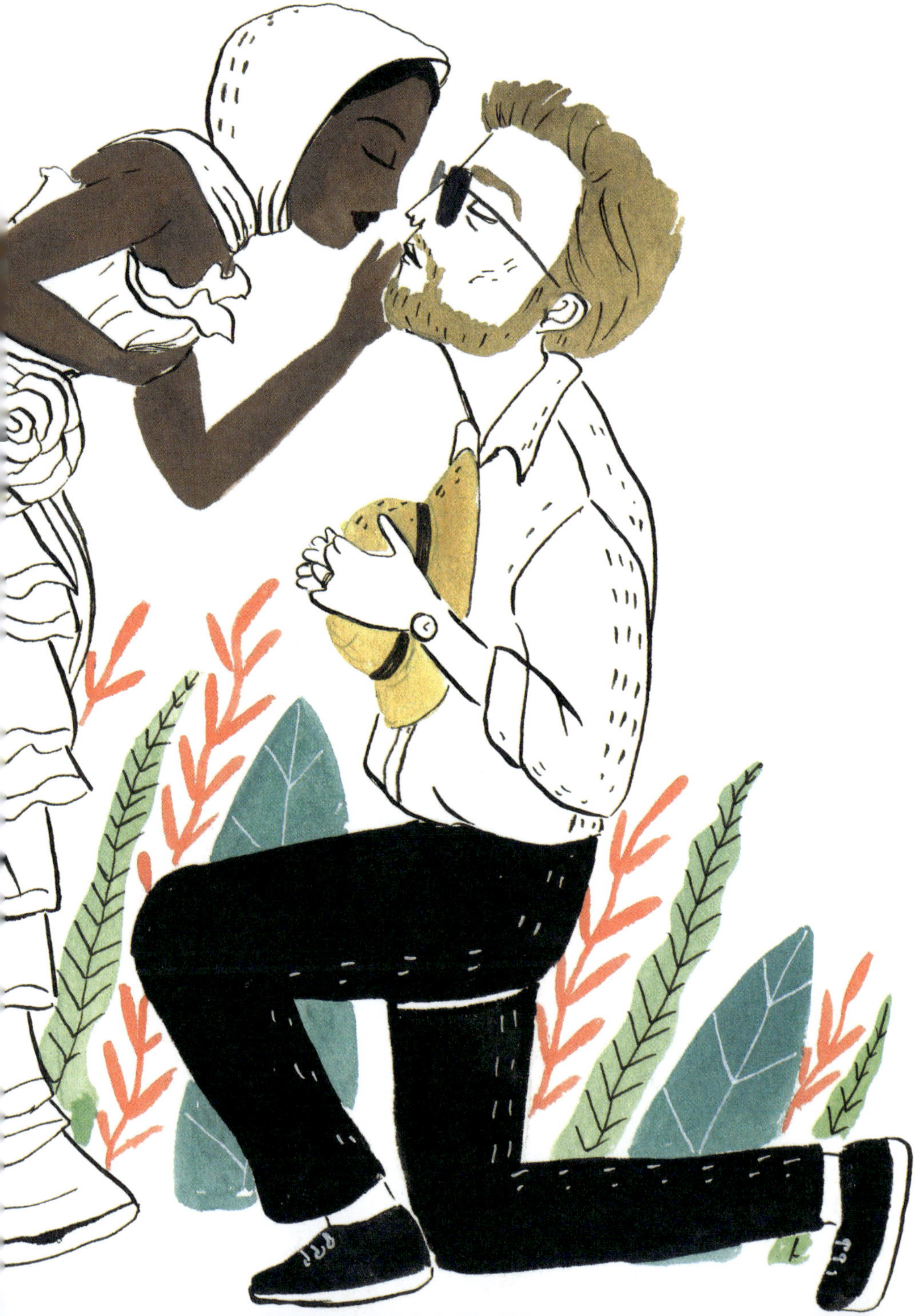

Estar com Iman me deu a tranquilidade suficiente para pensar em minha vida e fazer as pazes com muitas coisas. Enquanto gravava meu trabalho seguinte, *Black Tie White Noise*, sentia crescer novamente minha antiga ânsia por experimentação, e, quase sem me dar conta, pela primeira vez pude encarar coisas que continuavam sendo dolorosas para mim: anos depois de sua morte, despejei meu sentimento de fracasso e culpa em relação a Terry na canção "Jump They Say".

TINHA ENCONTRADO UMA GRANDE LIBERDADE EM MINHA VIDA ACEITANDO-A TAL COMO ERA, E NÃO SAINDO À PROCURA DE UM SANTO GRAAL QUE ME TROUXESSE ALGUMA CERTEZA QUE EU PENSAVA PRECISAR MAIS DO QUE OS OUTROS.

E acontecia de me reencontrar com pessoas do passado. Eram os anos negros da aids. Desde o final dos anos 1980, todos tínhamos perdido muitos amigos devido a essa terrível doença. No concerto em homenagem a Freddie Mercury, em Wembley, interpretei "Heroes" com o Queen e com Mick Ronson, meu antigo guitarrista, e ao terminar a canção me ajoelhei diante daquele público imenso para rezar um pai-nosso pelas pessoas atingidas por aquela doença mortal.

Com coragem suficiente para guiar meu trabalho pelos caminhos que desejava, me reencontrei com Brian Eno e visitamos Guggin, uma clínica psiquiátrica na Áustria na qual se realizava um interessante programa terapêutico para os doentes mentais em colaboração com alguns artistas plásticos. Quem dera Terry pudesse ter tido algo assim em Cane Hill. Isso o teria ajudado a exorcizar seus medos? Quanto de minha arte não tinha sido apenas uma tentativa de entender o mal de meu irmão? Fosse como fosse, certas ideias que sempre me acompanharam acabavam reiteradamente indo parar em minha obra.

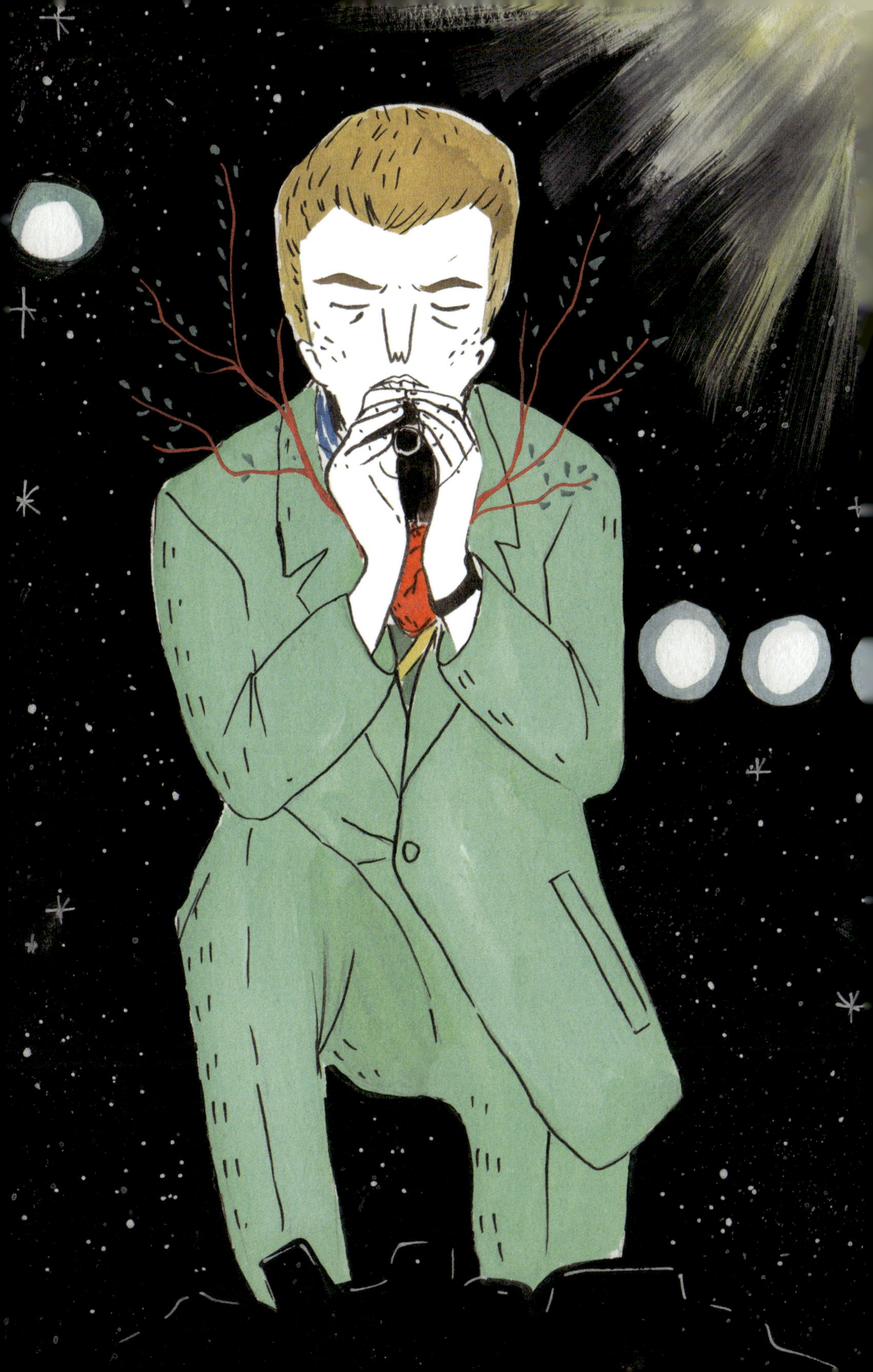

No álbum seguinte, *1.Outside*, lançado em 1995, procurei retratar a confusão reinante no final do século, uma confusão que me agradava. Sempre desconfiei dos discursos fechados.

Naquele mesmo ano apresentei minha primeira exposição individual de pintura numa galeria de Londres. Essa incursão no mundo da arte foi vista como uma afronta por alguns entendidos, que me acusaram de utilizar meu prestígio para me exibir como um artista profundo. Mas eu tinha recursos suficientes para me vingar e três anos mais tarde participei de uma campanha para valorizar a obra de Nat Tate, um obscuro pintor de meados do século. Alguns críticos reconheceram o valor do desconhecido artista apenas para descobrir, pouco depois, que Nat Tate nunca existira: era uma invenção minha e de outros três amantes da arte para desmascarar a pose de muitos supostos eruditos. Não pude deixar de sorrir diante do ridículo pelo qual passaram. Não em vão eu lidara durante décadas com os conceitos de disfarce e simulação, e sabia como desmascarar os verdadeiros farsantes.

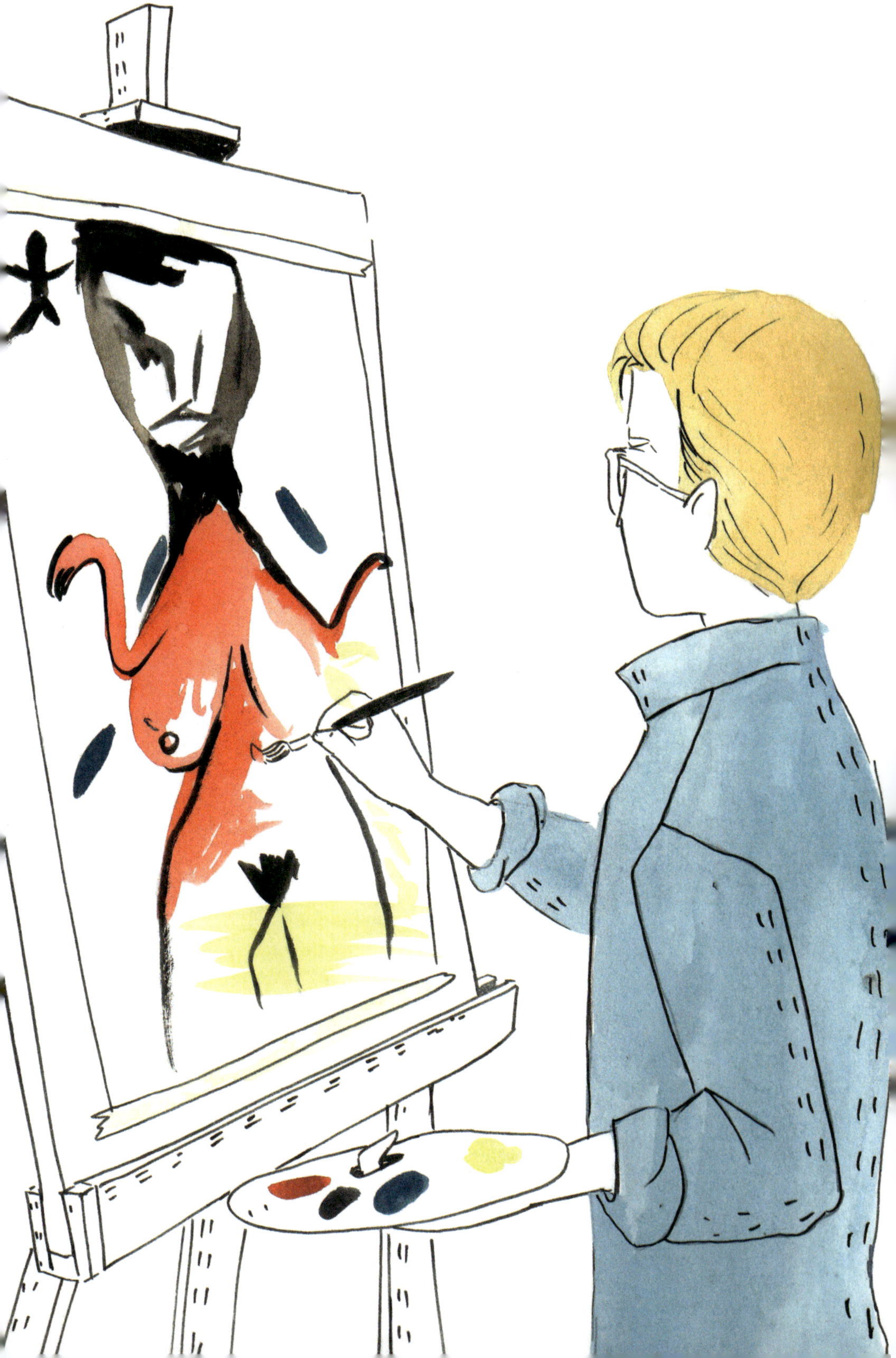

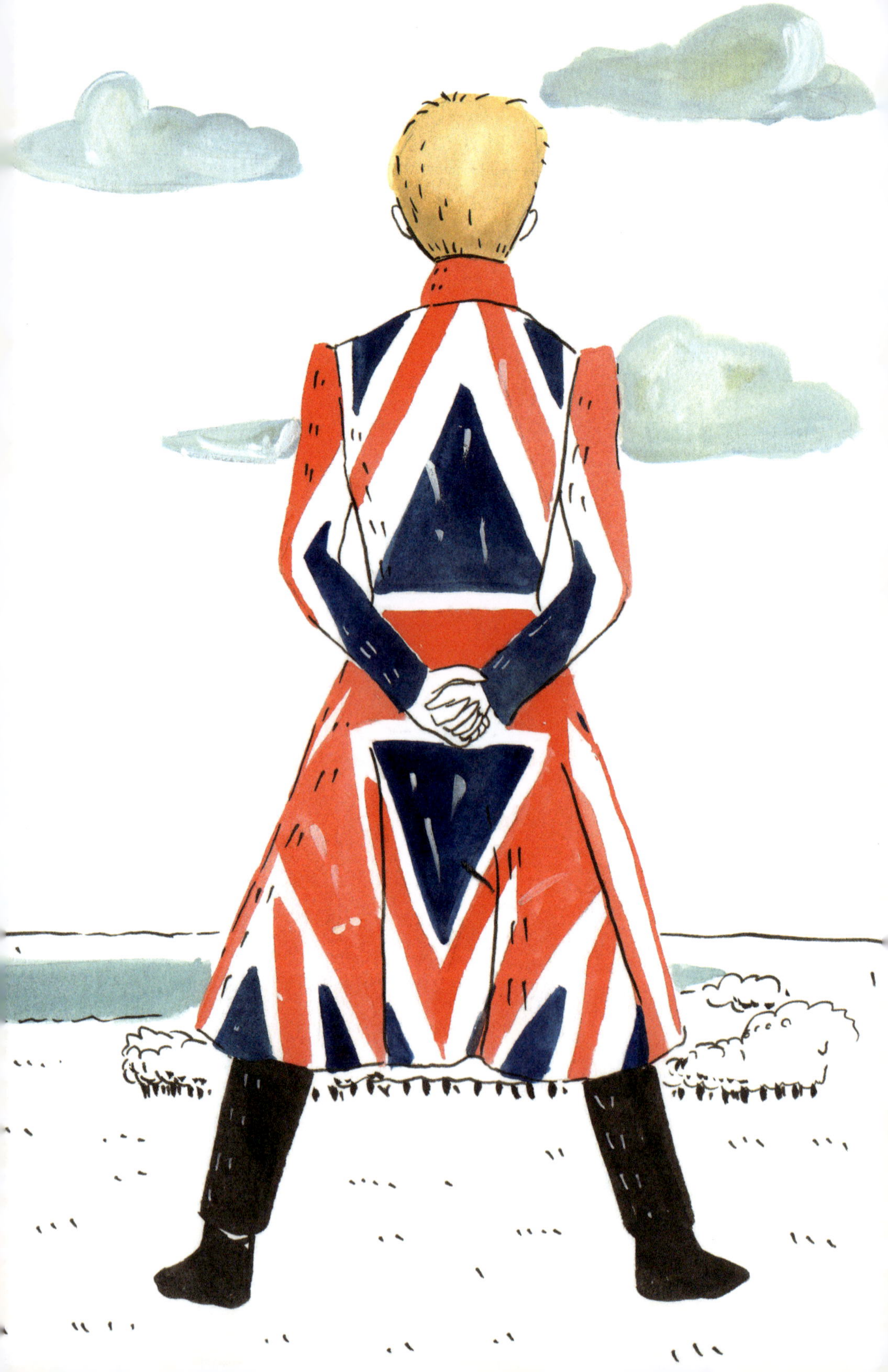

WORLD WIDE BOWIE

Se meus críticos se contavam às dezenas, meus admiradores eram legião. Estava num casamento feliz e tinha uma sólida carreira às costas. Era assim que eu encarava o final do século.

Observava como os grupos que surgiam por aqueles anos, como Suede ou Placebo, me consideravam uma de suas principais influências. O certo é que naquele momento minha carreira continuava a ser muito importante, mas minha família era ainda mais. Quanto mais tempo eu ficava com Iman, mais gostávamos um do outro, e mais tranquilo e feliz eu me sentia. O único vício que eu mantinha era o bendito tabaco; fumava dois pacotes por dia, e sabia que, se não parasse de fumar, aquilo acabaria tendo consequências para minha voz e para minha saúde.

Estava ficando mais velho, mas me sentia cheio de energia. Também era capaz de olhar para os acontecimentos de anos anteriores sob outra perspectiva: no verão de 1996, fiz as pazes com Lou Reed. Não fazia sentido continuar brigado com ele por causa de uma discussão que tivemos quinze anos antes devido à porcaria das drogas. Assim, pude contar com ele para a festa de meu quinquagésimo aniversário. Festejei com um concerto no Madison Square Garden no qual, além do "rei de Nova York", pude contar com vários daqueles músicos a quem tanto tinha influenciado: Dave Grohl, Billy Corgan, Frank Black... Robert Smith, o líder do The Cure, me deu um presente curioso: um camaleão fossilizado. Mas o presente que mais me emocionou veio de Iman: tinha feito contato, em segredo, com meus amigos de sempre, que confeccionaram um livro cheio de dedicatórias e desenhos.

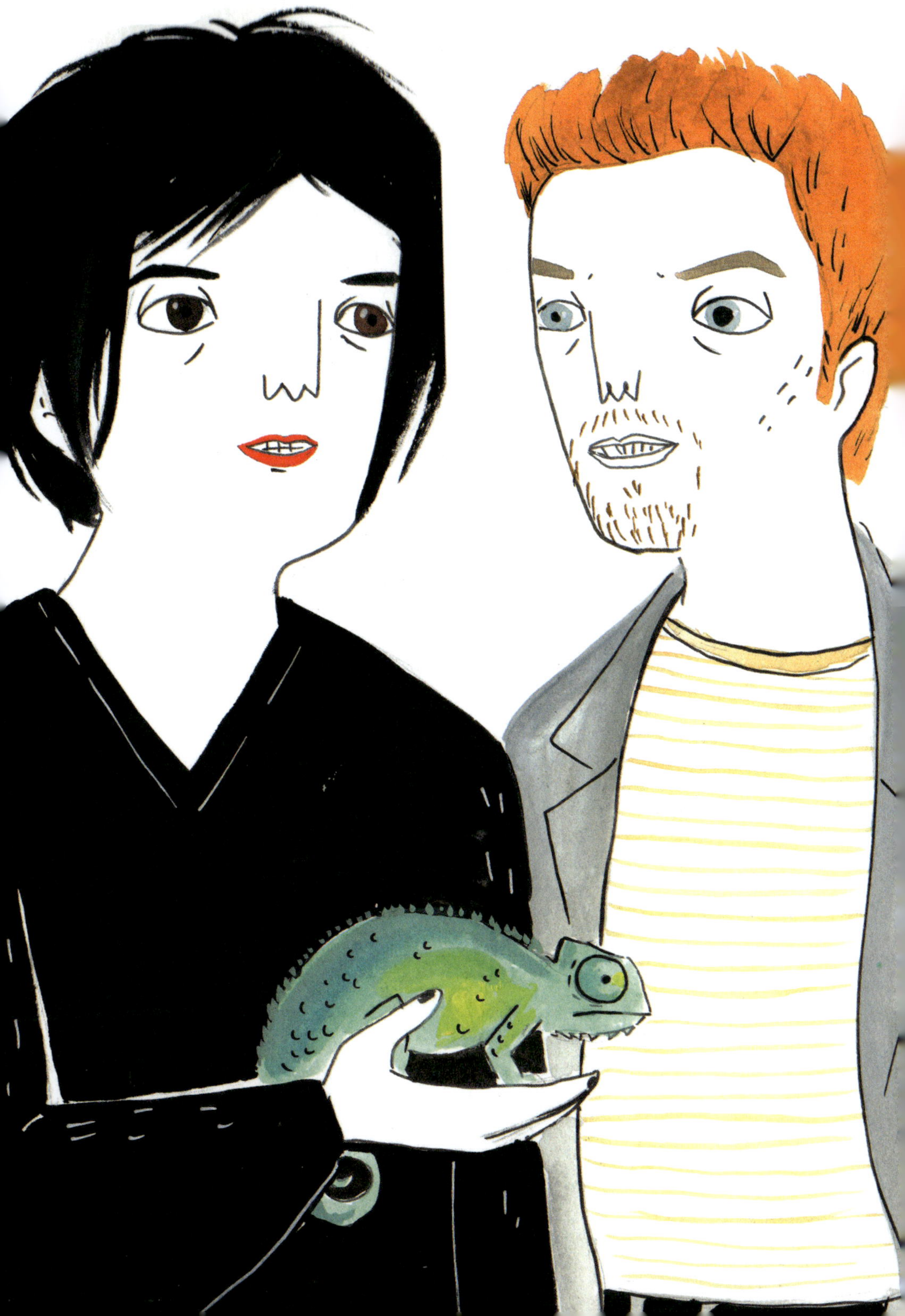

Iman e eu queríamos ter filhos. A gravidez chegaria mais cedo ou mais tarde, portanto era o momento de me ocupar de meu patrimônio. Os direitos e as masters dos discos anteriores a 1976 continuavam nas mãos de Tony Defries. Sabia que meu ex-empresário não abriria mão deles facilmente, então eu tinha de conseguir dinheiro. Muito dinheiro. Uma quantidade muito alta, inclusive para mim. Pensei em algo que nenhum outro músico tinha feito antes: transformar meu repertório musical em objeto de investimento. Assim nasceram os Bônus Bowie. Basicamente, cedi meus ganhos com direitos autorais durante um prazo de dez anos para quem quisesse se beneficiar deles. Em troca, recebi 55 milhões de dólares de um grupo de investimento.

> CRIO ARTE E LOGO A VENDO.
> ENQUANTO EU A CRIO,
> SOU CEM POR CENTO ARTISTA.
> E QUANDO A VENDO
> SOU CEM POR CENTO EMPRESÁRIO.

Investi uma parte desse dinheiro e com o restante recuperei a parte de minha obra musical que estava em poder de Defries. Tive que pagar a ele mais de vinte milhões de dólares.

Tony Defries tinha saído definitivamente de minha vida e, por fim, todos os meus discos voltaram a me pertencer. Podia ter a tranquilidade de que fariam parte da herança de meus filhos.

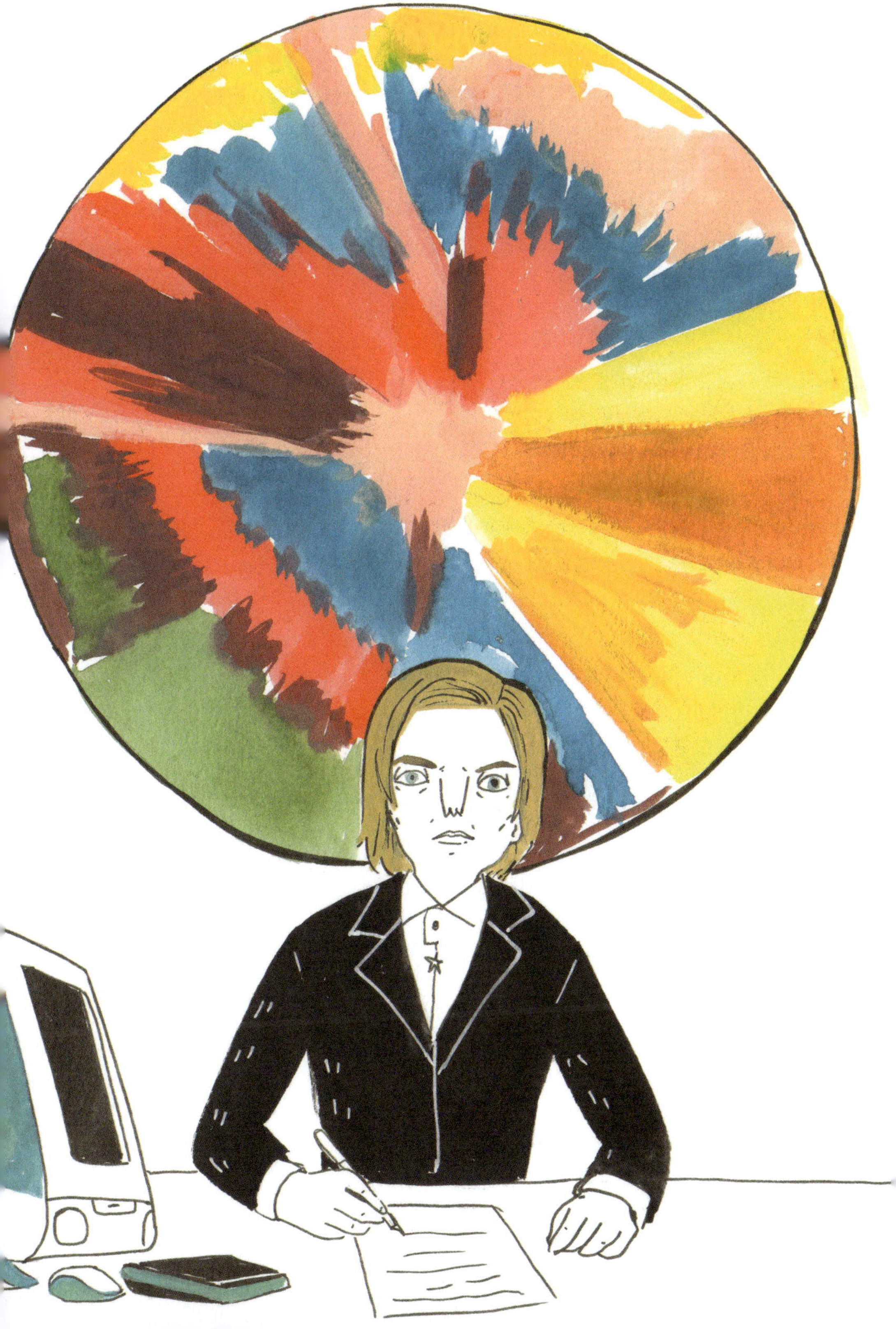

À medida que a mudança de século se aproximava, minha vontade de criar não diminuía. Pouco depois de meu aniversário, tinha lançado o disco *Earthling* e continuava participando de filmes e séries de todo tipo. Surgiam novas ferramentas com as quais podia experimentar. Ficava preso horas e horas a essa teia de informações e de espaços de expressão pessoal que era a internet. Suas possibilidades eram inimagináveis, inclusive para mim. Em parte desejava ter nascido nos anos 1990 para poder me transformar num artista da rede. Enquanto a maioria de meus companheiros de geração nem sequer entendiam os computadores, eu fui pioneiro ao criar uma comunidade virtual, reunindo meus seguidores na *bowienet*. Minha página me permitia falar com eles de dentro da segurança de minha própria casa e descobrir potenciais colaboradores.

Quando me propuseram criar a trilha sonora para um videogame, Omikron, aceitei, entusiasmado. Além disso, Iman, Reeves Gabrels e eu nos transformamos em personagens do jogo! A informática abria todo um novo mundo de possibilidades expressivas. Depois, Reeves e eu decidimos criar um novo disco a partir dessa trilha sonora: '*hours...*'.

Mas, se aconteceu uma coisa importante naquele ano, ela não estava relacionada nem com minha carreira nem com a tecnologia. Isso porque, depois de muitas tentativas infrutíferas, recorrendo a todo tipo de técnicas artificiais, Iman engravidou de maneira natural em fins de 1999. Nada mais poderia nos ter feito tão felizes.

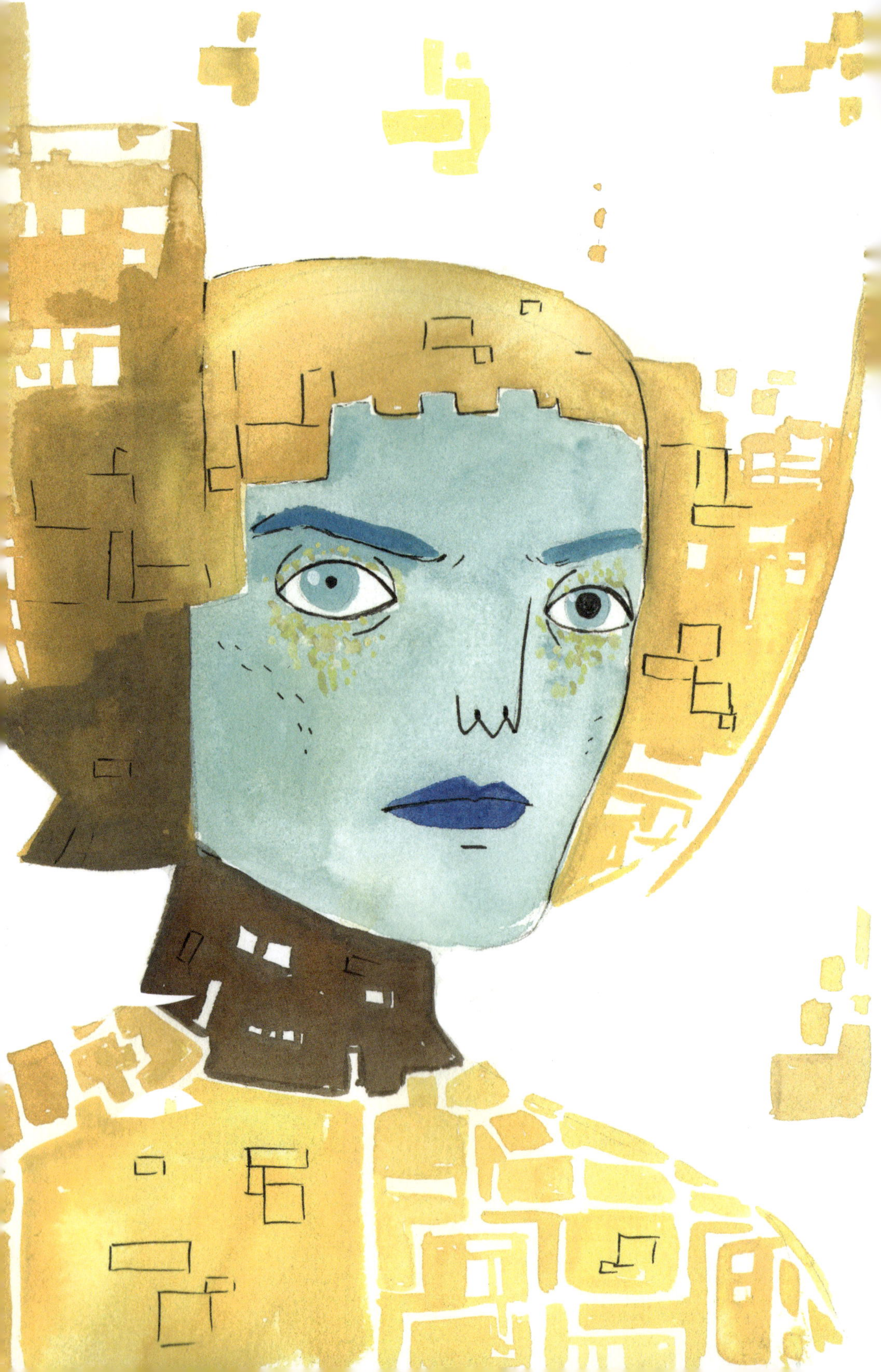

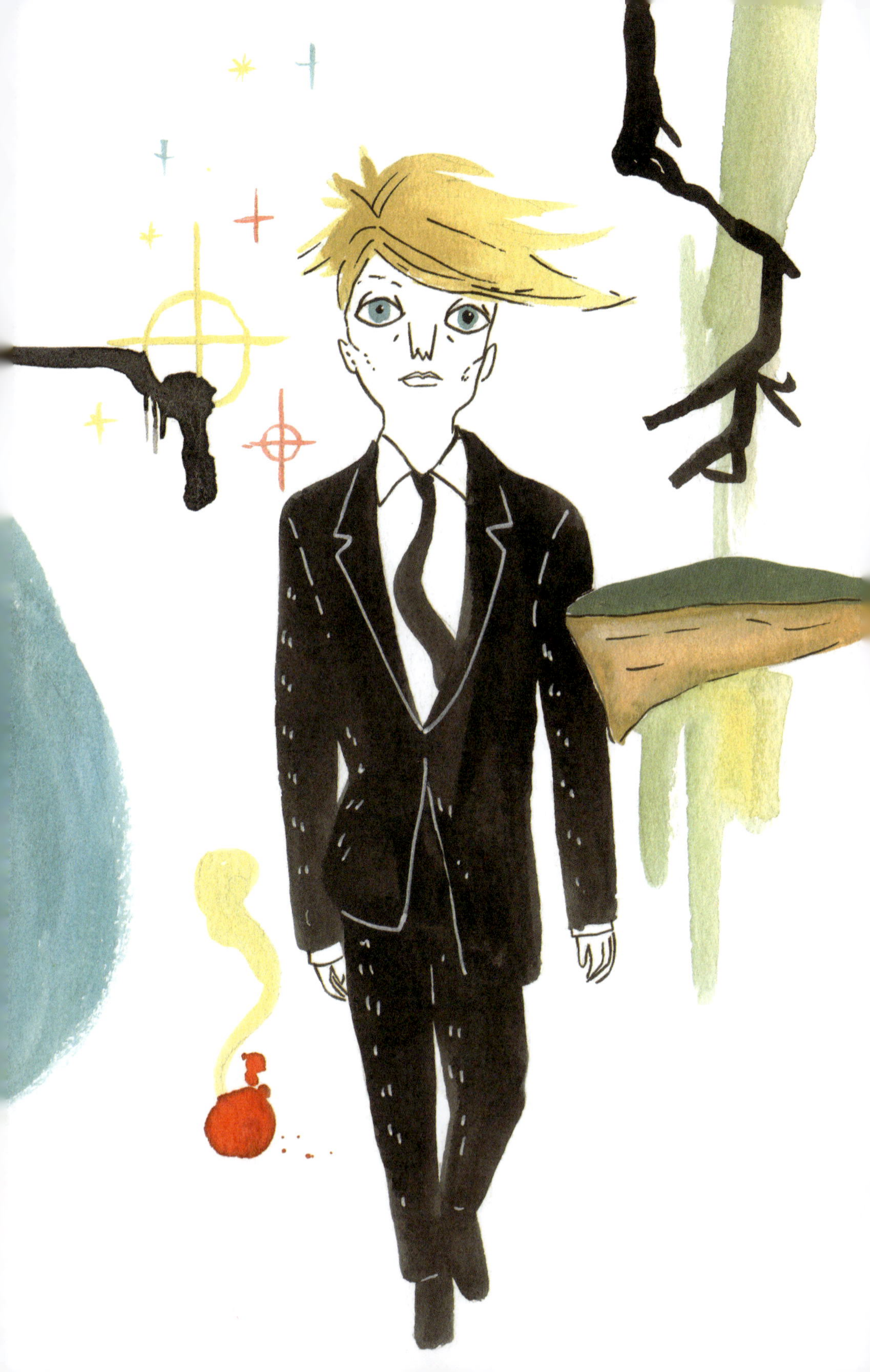

NÃO ENVELHEÇA NUNCA

Em agosto de 2000 nasceu nossa filha: uma criança que tinha a beleza de sua mãe e à qual demos o nome de Alexandria. Muitos fãs expressaram o desejo de compartilhar de nossa alegria mandando presentes para a pequena. Eu os incentivei a fazer doações à Save the Children, em lugar de mandar presentes para ela. No instante em que a vi, algo ficou claro para mim: dessa vez eu seria o pai de que essa menina precisava, não repetiria os erros que cometi com Duncan. Continuaria a trabalhar e a criar, mas Iman e Lexi seriam a minha prioridade.

QUANDO VOCÊ É JOVEM, PREOCUPA-SE COM MUITAS COISAS, INCLUINDO VOCÊ MESMO. QUANDO FICA MAIS VELHO, CADA VEZ MAIS CONSIDERA IMPORTANTES MENOS COISAS, ALÉM DAS FUNDAMENTAIS. UMA DELAS É AMAR AS PESSOAS QUE REALMENTE SÃO IMPORTANTES PARA VOCÊ, PREOCUPAR-SE COM A SOBREVIVÊNCIA DA FAMÍLIA MAIS PRÓXIMA, DEPOIS COM A DOS AMIGOS E DEPOIS COM A DAS PESSOAS DOS CÍRCULOS SEGUINTES, COMO ONDAS NA ÁGUA.

Minha mãe faleceu oito meses depois de Alexandria nascer. Tinha 88 anos. Minha relação com ela sempre tinha sido pior do que com Terry ou com meu pai, embora tivéssemos nos reconciliado havia bastante tempo. Viveu uma vida longa. Diferentemente de meu pai, pôde conhecer seus netos. Me despedi dela em paz.

Já não restava ninguém da velha família. Agora éramos apenas Duncan, Alexandria, Iman e eu.

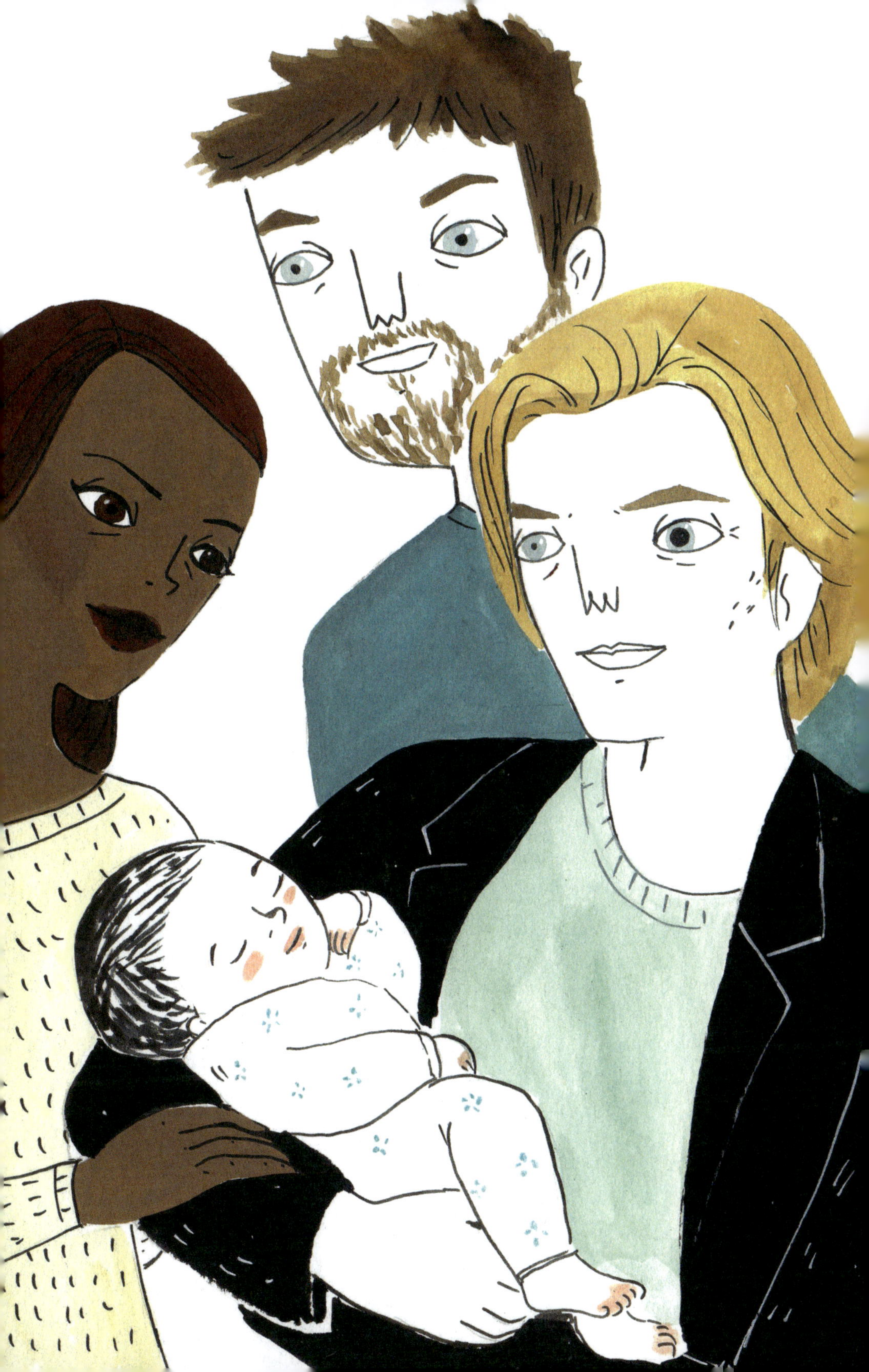

Ser um pai *full time* teve outro efeito sobre mim: comecei a me preocupar com o mundo de uma maneira que nunca havia feito antes. O que minha filha encontraria quando crescesse? O que pensaria de minha geração quando fosse mais velha? Há anos eu não compunha com tanta rapidez. Minhas reflexões sobre a realidade que aguardava por Lexi não chegavam a nenhuma conclusão, mas estavam se transformando numa base para minhas letras. E eu tinha material de sobra. Visconti e eu fomos até um estúdio aberto havia pouco tempo em Shokan, a apenas duas horas de Nova York, suficientemente perto para que pudéssemos voltar para casa rapidamente, caso necessário. Ali, cercados pela natureza – um dia me levantei de madrugada e vi, pela janela, uns cervos pastando –, as canções progrediam num ritmo excelente.

Mas a gravação do disco *Heathen* foi interrompida pela horrível notícia que víamos repetidamente na televisão: haviam atacado as Torres Gêmeas. A primeira coisa que fiz foi ligar para Iman. Ela estava bem, embora apavorada. Entre lágrimas e gritos, me disse que acabara de ver o segundo avião se chocando contra o World Trade Center. Em seguida a ligação caiu. Visconti levou quase um dia para conseguir falar com sua família. À medida que o 11 de setembro avançava, podíamos ver, do estúdio, como a coluna de fumaça se espalhava sobre nossa cidade. O terrorismo tinha levado a cabo o atentado mais sangrento da história a poucas quadras de nossa casa.

Quando Tony e eu voltamos para Nova York, vi os restos de aço e concreto do World Trade Center e me vieram à lembrança as ruínas de Londres nas quais eu brincava quando era pequeno.

Foi uma honra abrir o concerto por Nova York no Madison Square Garden, em outubro. "Heroes" soou muito diferente naquele dia. Tinha em mente aqueles que morreram pela cidade que já considerava minha, como os bombeiros da esquina da nossa rua, que sempre cumprimentavam Lexi e que nunca mais voltaram.

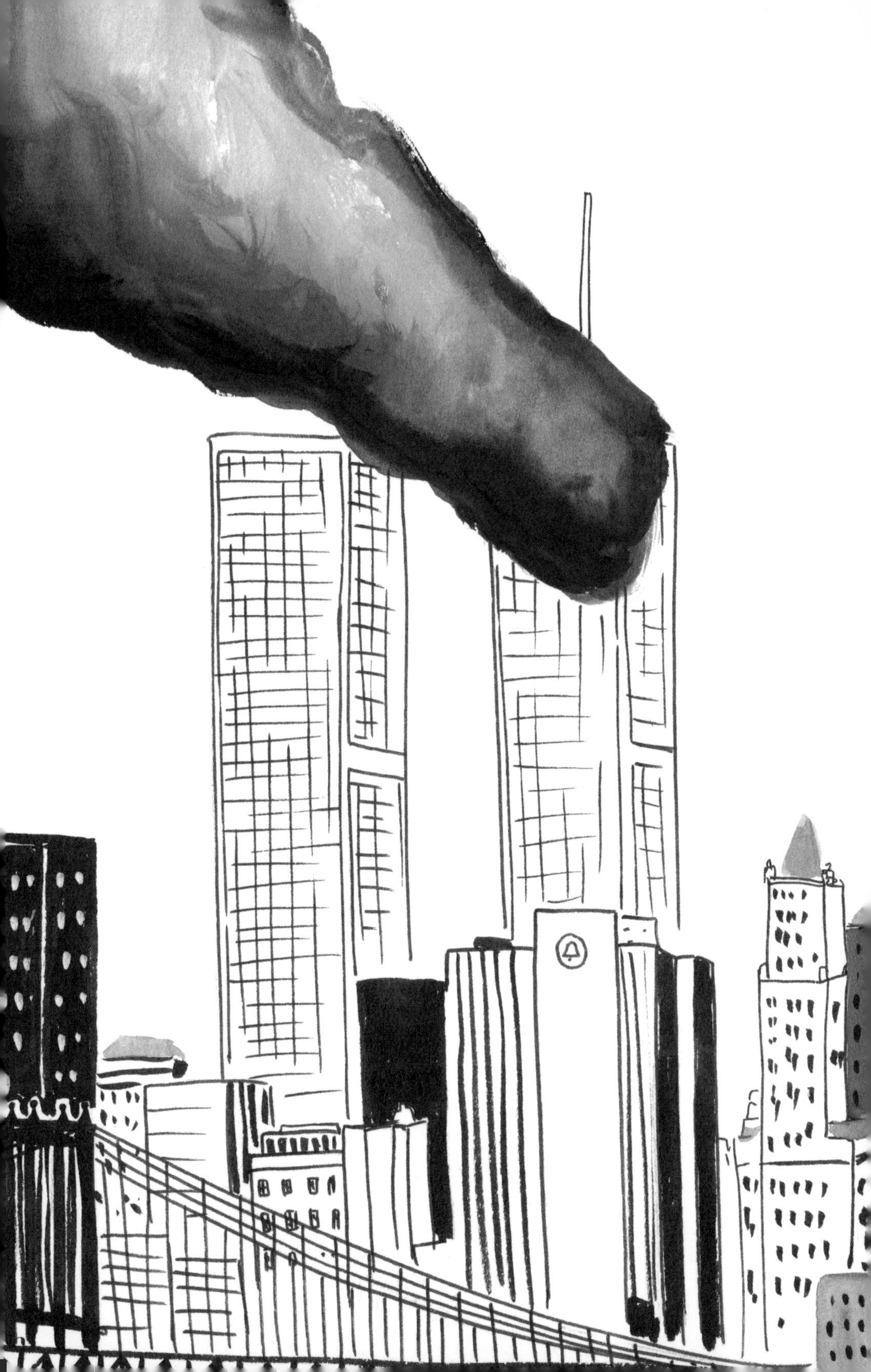

Depois do lançamento de *Heathen*, saí mais uma vez em turnê. Pouco depois já estava compondo *Reality*. Não havia passado nem um ano do final da turnê e eu já estava animado com a ideia de realizar a seguinte. Fazia exercício e meditava com frequência. Tinha até deixado de fumar, com a ajuda de Iman. Estava preparado para uma grande turnê mundial, que começou em outubro de 2003.

No entanto, alguma coisa começou a dar errado. Em alguns concertos eu tinha a sensação de ver uma sombra pelo canto do olho, uma escuridão nas laterais do palco. Antes de o ano terminar, tive de cancelar cinco concertos por causa de gripe.

A sombra nos cantos não apenas não desaparecia, mas se tornava mais frequente e mais densa. E os contratempos se sucediam. Em junho, em Oslo, estive a ponto de cancelar uma apresentação quando algum idiota do público jogou um pirulito que atingiu meu olho esquerdo. Cinco dias mais tarde, em Praga, não conseguia deixar de ver aquela nuvem negra, que tinha deixado de se esconder nas laterais de minha visão para turvar tudo. Logo depois de começar o concerto, senti uma dor horrível no peito, que foi crescendo. Nem todo meu profissionalismo de décadas me deu forças para continuar cantando, e tive de sair do palco.

Os médicos me informaram que eu sofrera um pinçamento do nervo do ombro, e que isso podia ser um sintoma de maiores complicações cardiológicas. Atrás dos médicos, eu via que a sombra não deixava de rodopiar.

Decidi continuar com a turnê, mas na verdade estava muito preocupado.

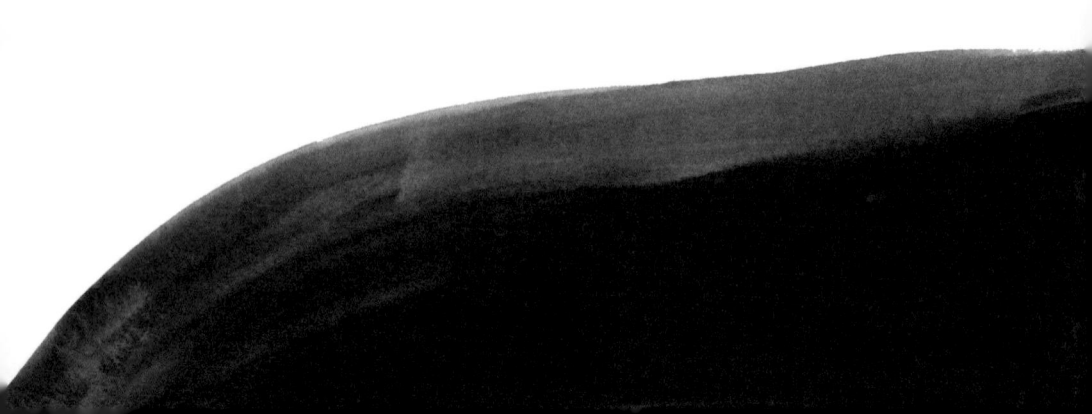

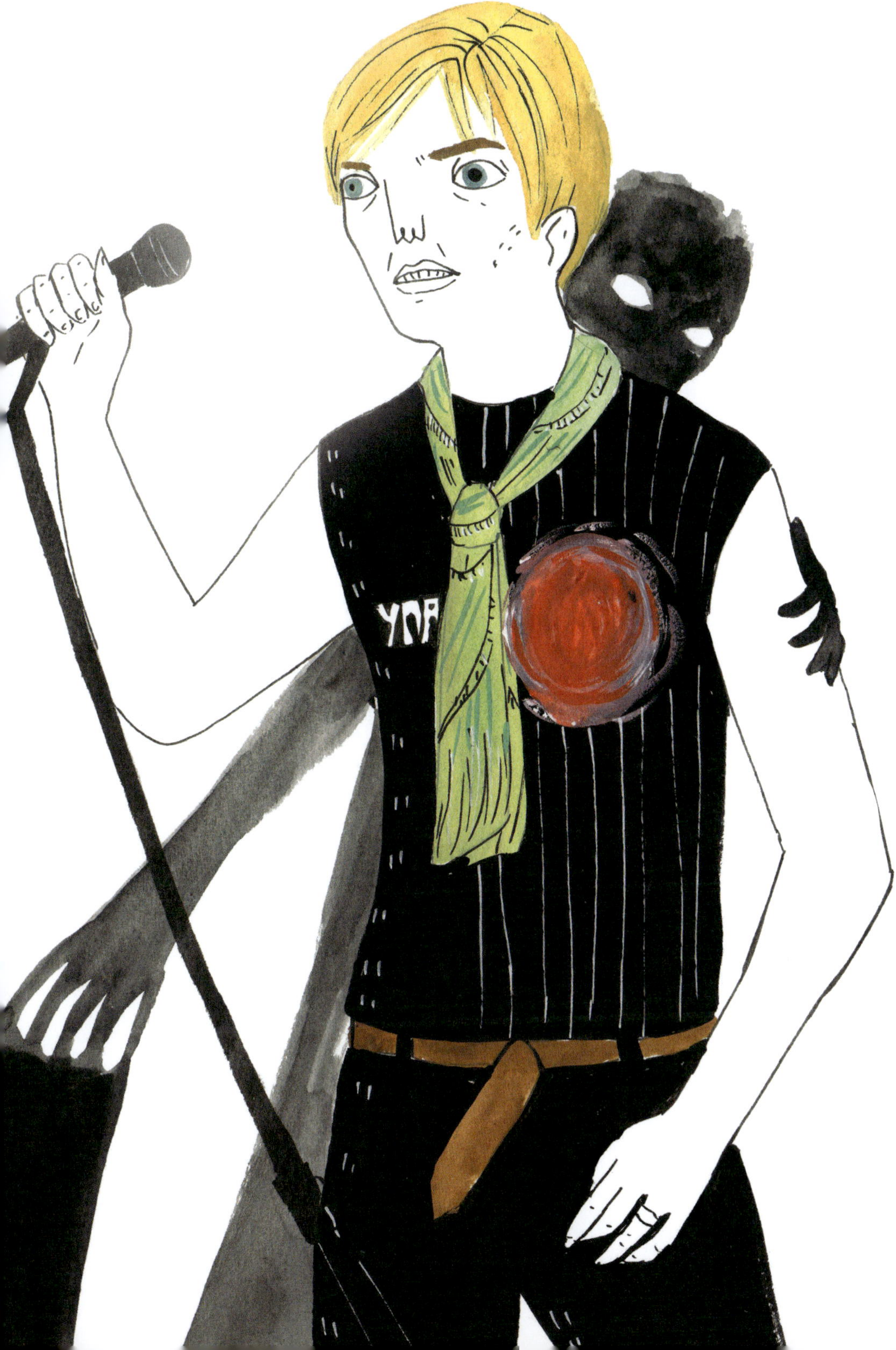
YOR

Dois dias depois, estava na Alemanha, em Scheessel. Entrei no palco sentindo dor. As canções não soavam tão potentes quanto em outras ocasiões. Eu tentava me esquecer da dor e me concentrar em cantar, mas a sombra não o permitiu. Cresceu, envolvendo o palco, o público, como um mar de névoa negra, e por último cobriu o céu. Só estávamos ela, um silêncio úmido e eu.

Compreendi que aquela escuridão sempre estivera ali. Não desde o começo da turnê: desde sempre. Aquela coisa tinha esperado escondida num canto até chegar seu momento. E agora me fazia saber disso.

Mas então ela foi embora. Só viera me avisar.

A luz e o som voltaram ao palco de Scheessel, embora tingidos por um filtro de negrume. A dor no peito estava me incomodando muito. Quando o concerto terminou, saí do palco e desabei. Estava sentindo muita dor e muito medo. Só queria ver Iman e Lexi uma vez mais antes que a escuridão voltasse e me reclamasse para sempre.

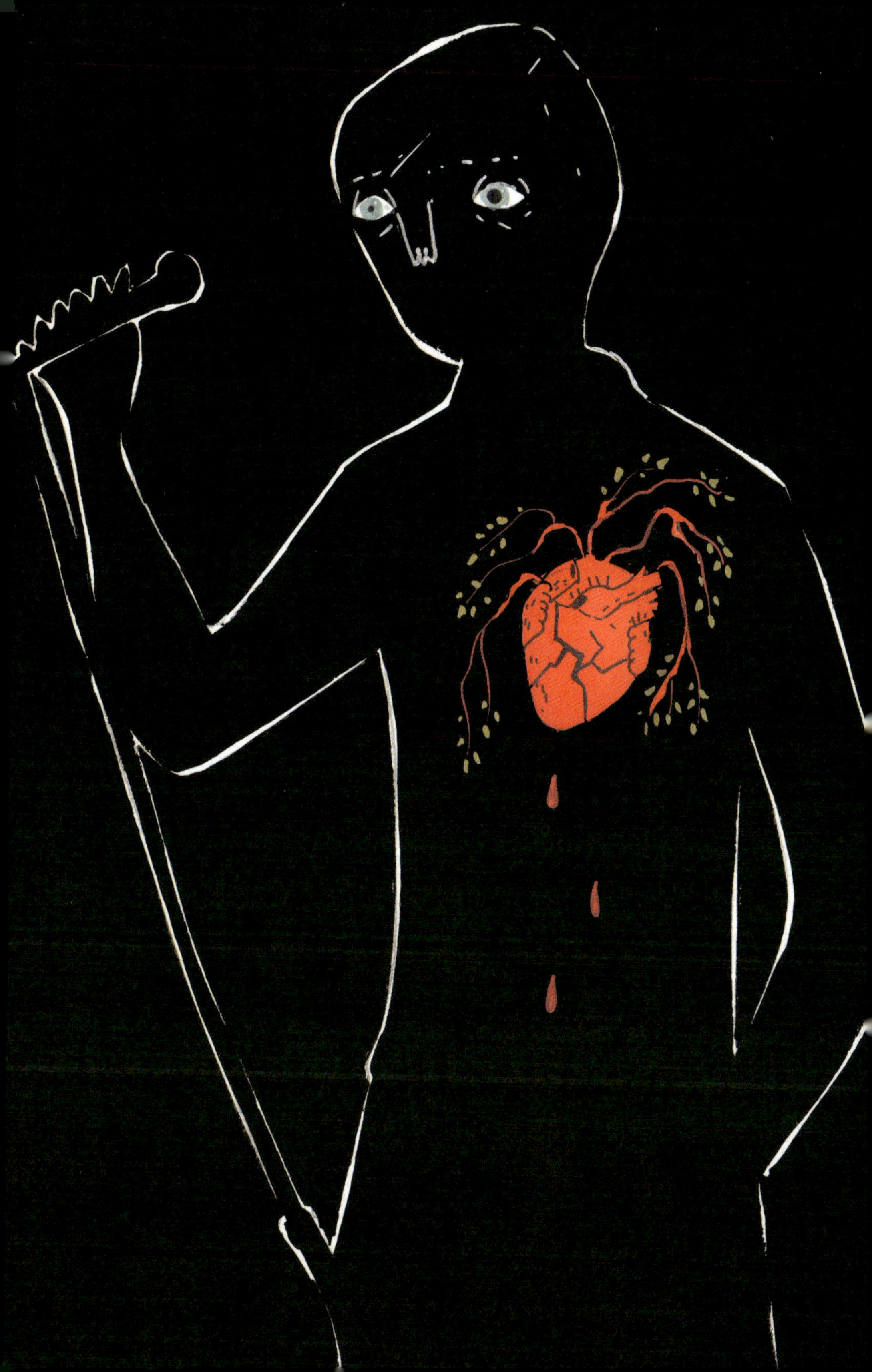

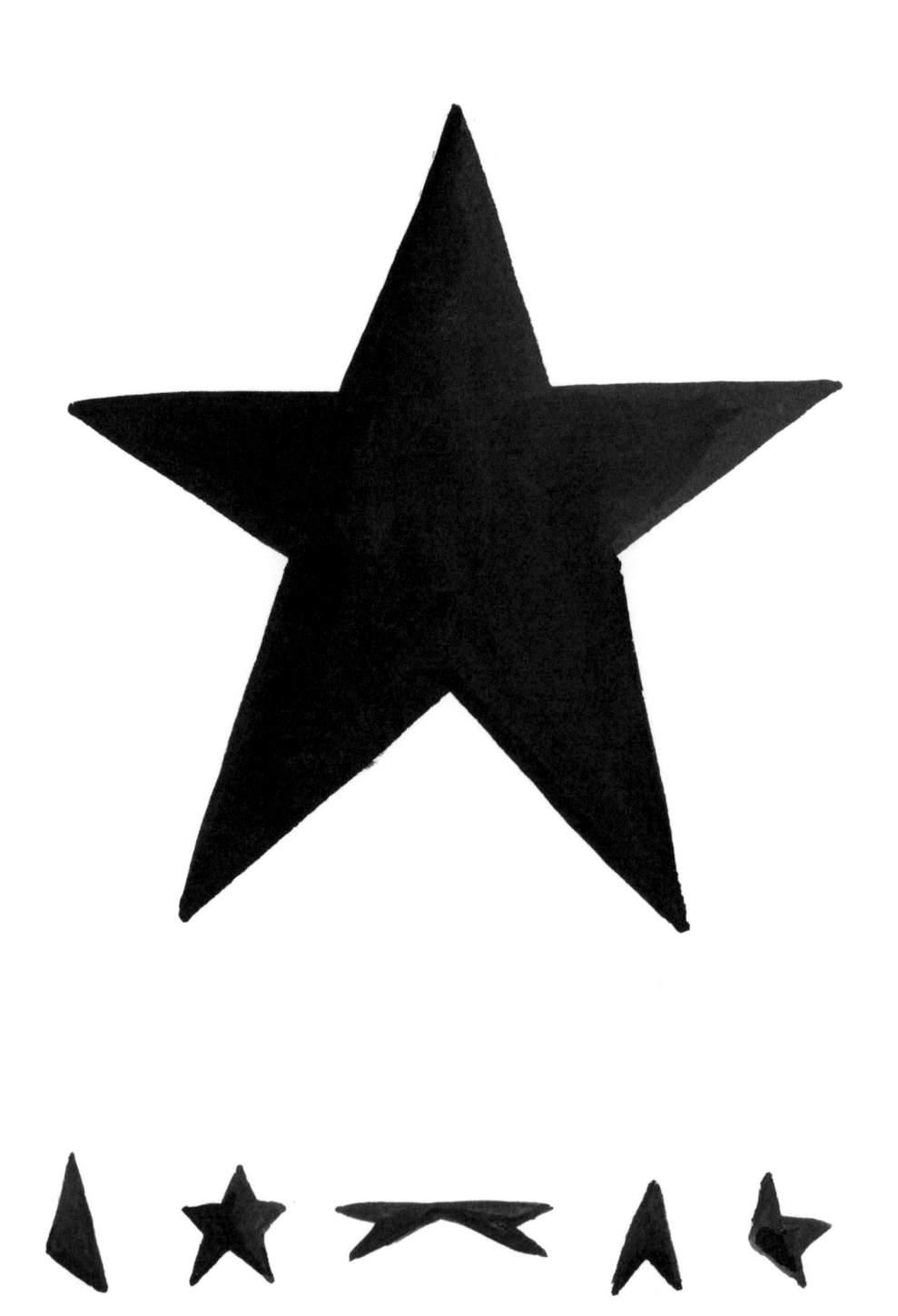

NÃO POSSO REVELAR TUDO

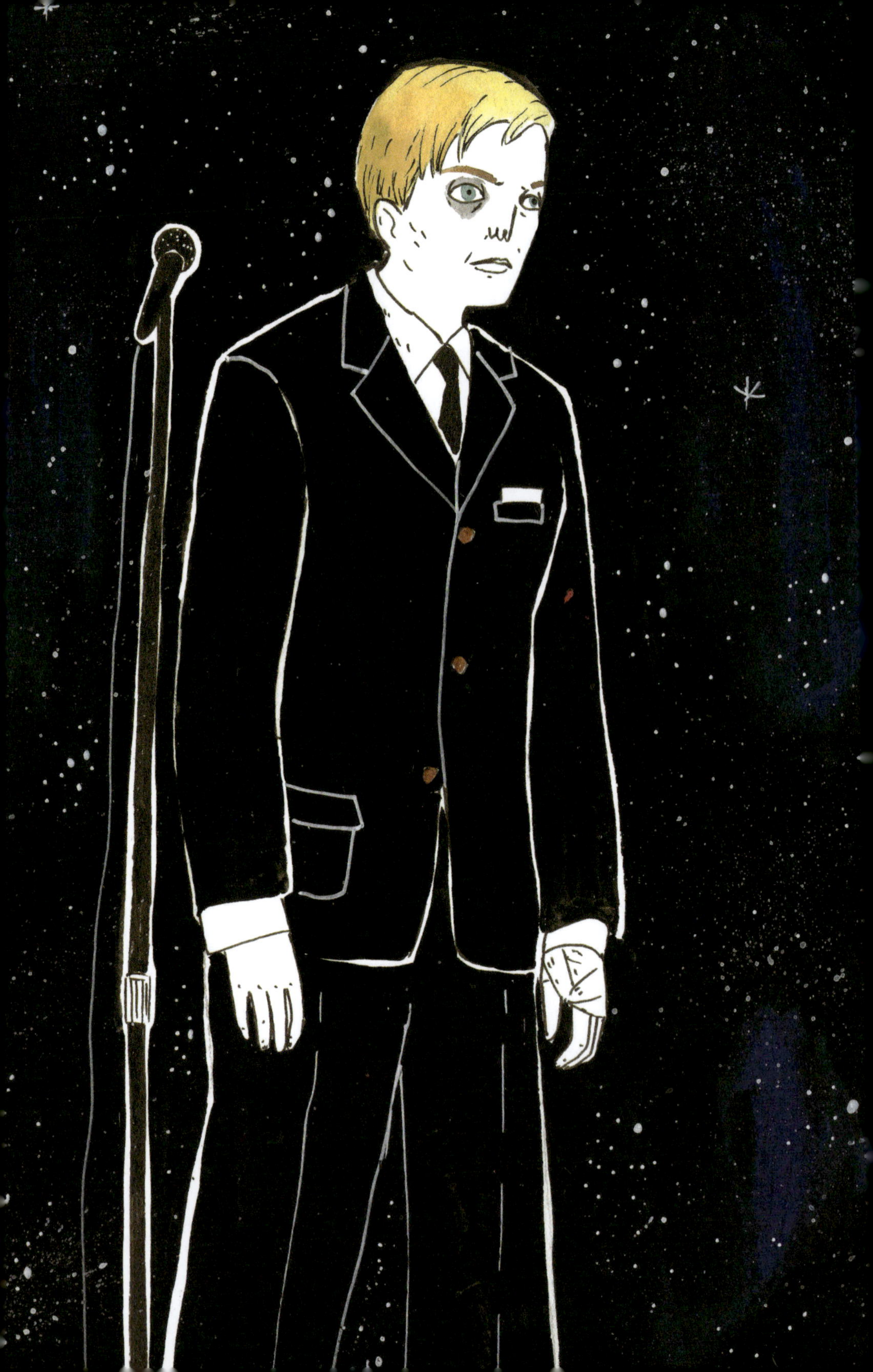

Quando acordei, depois da cirurgia, me informaram que eu sofrera um enfarte que quase me custou a vida. Chegara o momento de me concentrar na recuperação de minha saúde.

Dediquei os meses seguintes a passear por minha cidade, ler, ouvir música e compor, mas sobretudo a ver Lexi crescer. Eu a levava ao parque, como qualquer pai.

Escolhia bem os eventos aos quais comparecer com Iman e decidi realizar apenas as apresentações que não significassem um perigo para minha saúde e que me motivassem de maneira especial.

E foi assim que, em setembro de 2005, voltei aos palcos para participar do Fashion Rocks, que se propunha a levantar fundos para as vítimas do furacão Katrina. Diante de um público apreensivo, surgi lento, vulnerável, com um olho pintado de preto e uma mão enfaixada, e minha interpretação de "Life on Mars?" soou muito diferente de quando tinha me lançado ao estrelato, 21 anos antes: agora eu falava de dor, a minha e a de uma Louisiana devastada.

As homenagens à minha carreira se sucediam, embora eu não tenha podido comparecer a muitas delas. Enquanto o mundo louvava meu trabalho, eu me esforçava para acabar com meus problemas de saúde, e minha fiel Iman teve de se acostumar a aparecer sozinha em quase todos os compromissos públicos para os quais éramos requisitados.

Em 2006, atuei em público mais duas vezes. A primeira, com David Gilmour, no Albert Hall de Londres, numa homenagem a Syd Barrett; a segunda, em novembro, com Alicia Keys, para levantar fundos para uma campanha de prevenção da aids junto às crianças da África. Não tinha consciência de que esta seria a última vez que subiria num palco.

Em casa, nossa vida transcorria como sempre. Nossos amigos nos visitavam com frequência. Eu continuava a compor, mas sem a pressão para lançar discos novos. Já não tinha a vaidade de anos anteriores de querer ter uma aparência perfeita: eu era um homem que estava chegando perto dos sessenta anos, não fazia nenhum sentido continuar a parecer eternamente jovem. Quando me olhava no espelho, reconhecia o que via, e aceitava isso. Pagara um preço muito alto, emocionalmente, pelo esforço de me reinventar ao longo de toda a minha vida. Minha saída talvez não estivesse sendo triunfal, como eu sonhara, mas me sentia feliz e em paz.

Também não me esquecia da nuvem negra, que tinha voltado a se esconder nos cantos aonde a luz não chegava. Mas eu sabia que ela me aguardava, e me acostumei à sua presença, quase sempre oculta.

Quem estava tratando de sua própria carreira era meu filho Duncan. Seu primeiro longa-metragem, *Moon*, estreou em 2009 e, apesar de seu baixíssimo orçamento, recebeu críticas muito boas, ganhou dois prêmios internacionais e um da Academia Britânica de Cinema e Televisão. Tínhamos em comum a paixão pela ficção científica, quanto a isso não há dúvida. Porém, durante toda a divulgação do filme, me mantive à margem. Duncan tinha talento e eu não iria contribuir para que o conhecessem apenas por ser meu descendente. Mas assisti junto com ele à estreia do filme no Festival de Cinema de Tribeca, em Nova York, e me senti muito feliz por testemunhar seu sucesso. Se no passado muitas vezes eu me sentia culpado por não ter cuidado muito bem de meu filho, agora via que, no fim das contas, não tinha exercido uma influência tão má sobre ele, e isso me deixou contente.

Pouco a pouco, as composições foram se amontoando em minha escrivaninha, formando um sólido material para um disco. Me reuni uma vez mais com meu produtor e amigo Tony Visconti. Quando nos sentamos de novo no estúdio, Tony exclamou: "Este vai ser o nosso *Sgt. Pepper's*". Era o que ele dizia a cada vez que começávamos uma nova gravação.

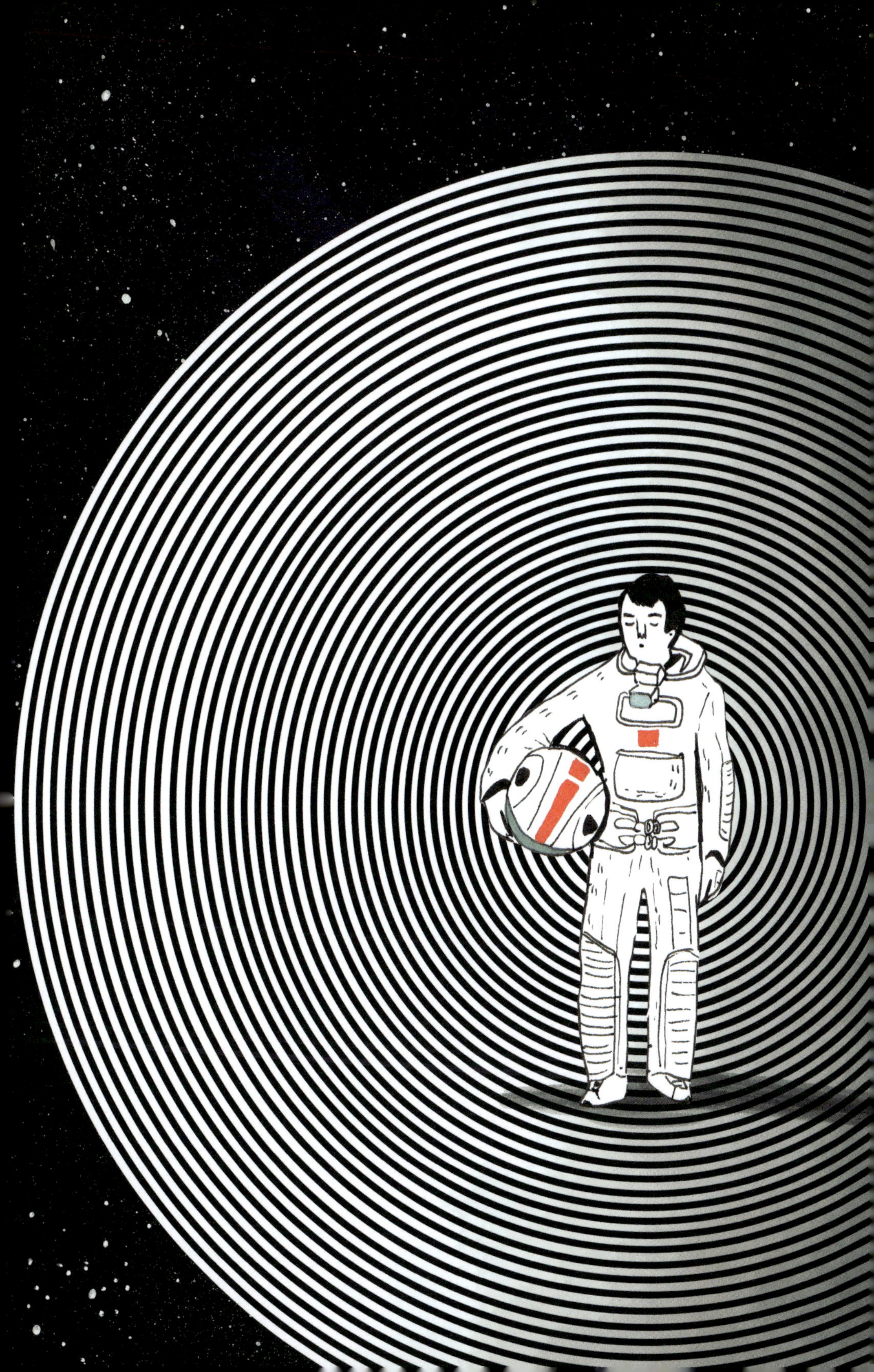

Chamei alguns músicos que conhecia bem: Zack Alford, Gail Ann Dorsey e Gerry Leonard. Assinaram um termo de confidencialidade: estavam totalmente proibidos de falar alguma coisa sobre o novo projeto. De qualquer maneira, eram fiéis a mim; sabia que podia confiar neles.

Chegava ao estúdio cedo, começávamos a trabalhar e às seis da tarde eu dizia aos rapazes que tínhamos terminado até o dia seguinte. Às vezes a banda se surpreendia ao me ver trabalhar com as sandálias que usava em casa. Assim, quando *The Next Day* saiu, em março de 2013, ninguém esperava por ele. Recebeu críticas muito boas e o mundo esperava por uma nova turnê de Bowie, mas eu não estava disposto a levá-la a cabo enquanto meu coração não estivesse recuperado. Me diverti gravando um videoclipe irreverente para a canção que dava título ao disco, junto com os atores Gary Oldman e Marion Cotillard, no qual eu aparecia como um messias.

Mas minha saúde continuou a piorar e, no verão de 2014, fui diagnosticado com câncer de fígado. A bruma negra já não se escondeu mais, e sim tingiu tudo. Apesar do medo e da tristeza que se apoderaram de mim, iria encarar essa última provação olhando-a de frente.

Continuei a escrever e a compor. Por meio da compositora Maria Schneider, conheci o quarteto de Donny McCaslin, um brilhante saxofonista de jazz de vanguarda. Como tantas outras vezes, me entusiasmei com aquela proposta musical. Era o formato perfeito para as canções que surgiam do fato de encarar minha existência com aquela crescente mancha de escuridão.

Gravamos o material nos primeiros meses de 2015. A banda ficou atônita ao me ver chegar sem cabelo nem sobrancelhas, devido à quimioterapia. Expliquei a eles que estava doente e que ninguém podia saber disso. Me deram sua palavra de que guardariam segredo, e a cumpriram. Durante os meses seguintes, Visconti e eu nos encarregamos de dar forma definitiva àquelas canções.

Ainda me faltava realizar um velho sonho: fazer um musical. Uma noite desci até o sótão de minha casa, onde ainda se achava Thomas Jerome Newton, o alienígena ao qual eu dera vida em *O homem que caiu na Terra*.

Ele não tinha mudado nada: continuava jovem, sentado em frente à TV e bebendo. Eu disse a ele:

NÃO SEI SE VOU CONTINUAR AQUI POR MUITO TEMPO, ENTÃO PRECISO QUE VOCÊ FAÇA ALGO. AGORA VOCÊ SERÁ LÁZARO. LEVANTA-TE E CONTINUA POR MIM.

Tirei aquela criatura da escuridão e, apesar da dor e do cansaço, trabalhei para que o musical *Lazarus* viesse à luz. Com muito esforço, compareci à estreia, e me pareceu um novo sucesso artístico. Podia me sentir afortunado: minha carreira tinha sido plena. Era novembro de 2015.

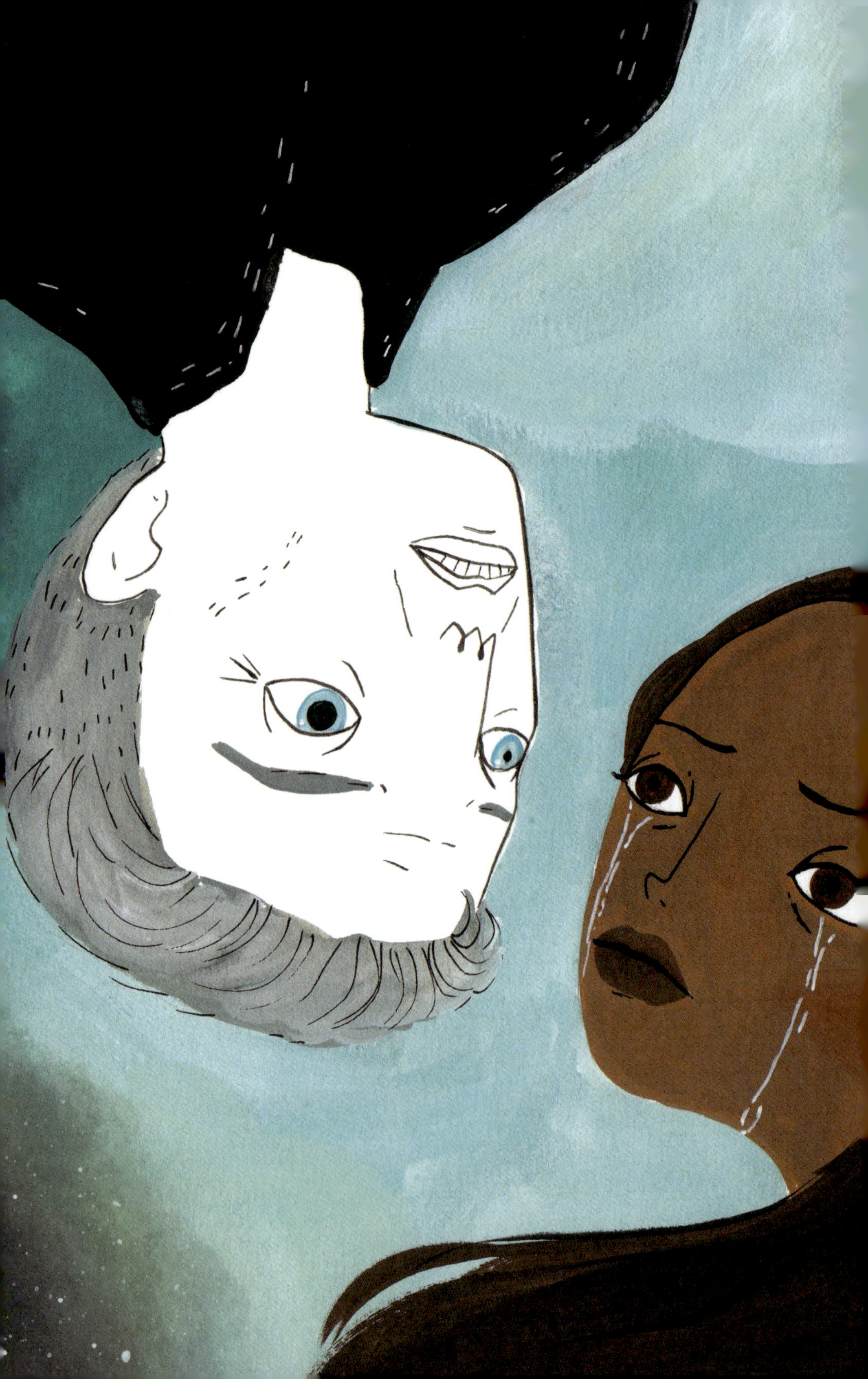

A partir de então, a dor não parou de aumentar.

Em janeiro, completei 69 anos. Estava esgotado. Disse a Iman que havia chegado o momento. Apertamos nossas mãos fortemente e as lágrimas sulcaram nossos rostos.

Enquanto abandonava o planeta Terra, me partiu a alma ouvir como o pranto desconsolado de minha mulher ia se transformando, pouco a pouco, num eco longínquo.

Em completo silêncio, flutuei. A nuvem negra, a escuridão mais absoluta, se aproximou de mim. Eu sabia o que era: o esquecimento, o fim de tudo. Uma negrura imensa que ocupava a imensidão do cosmos. Frente a ela, apenas eu, um velho de quase setenta anos. Mas minha identidade ainda não desaparecera, e as lembranças de minha vida me inundaram fortemente.

Me vi menino, brincando nas ruas de Bromley. Lembrei da primeira vez que ouvi o som de meu saxofone de plástico. Escutei atentamente o que Terry lia para mim em voz alta no quarto que dividíamos. Ouvi a primeira risada de Duncan e de Alexandria. Percebi novamente o olhar de agradecimento daqueles fãs na saída de um concerto em 1972. Corri com meu filho pelas savanas da África. Ri com vontade, mais uma vez, das loucas piadas que Iggy nos contava na Suíça. A sensação frente ao olhar de Iman na primeira noite em que saímos me encheu de ternura. E as canções que tinha ouvido e criado durante minha existência preencheram minha alma.

Minha vida inteira se condensou e eclodiu na forma de um raio multicolorido que berrou com arrogância diante daquela massa informe. As estrelas do cosmos repercutiram o grito e brilharam mais intensamente por um instante.

Depois, o silêncio.

Dei um passo para a frente e entrei calmamente na escuridão até que ela me cercou por completo.

Me preparei para desaparecer no nada.

Só que ali havia algo mais.

Olhei para a frente e sorri.

MAS AQUILO QUE VI NÃO VOU REVELAR.

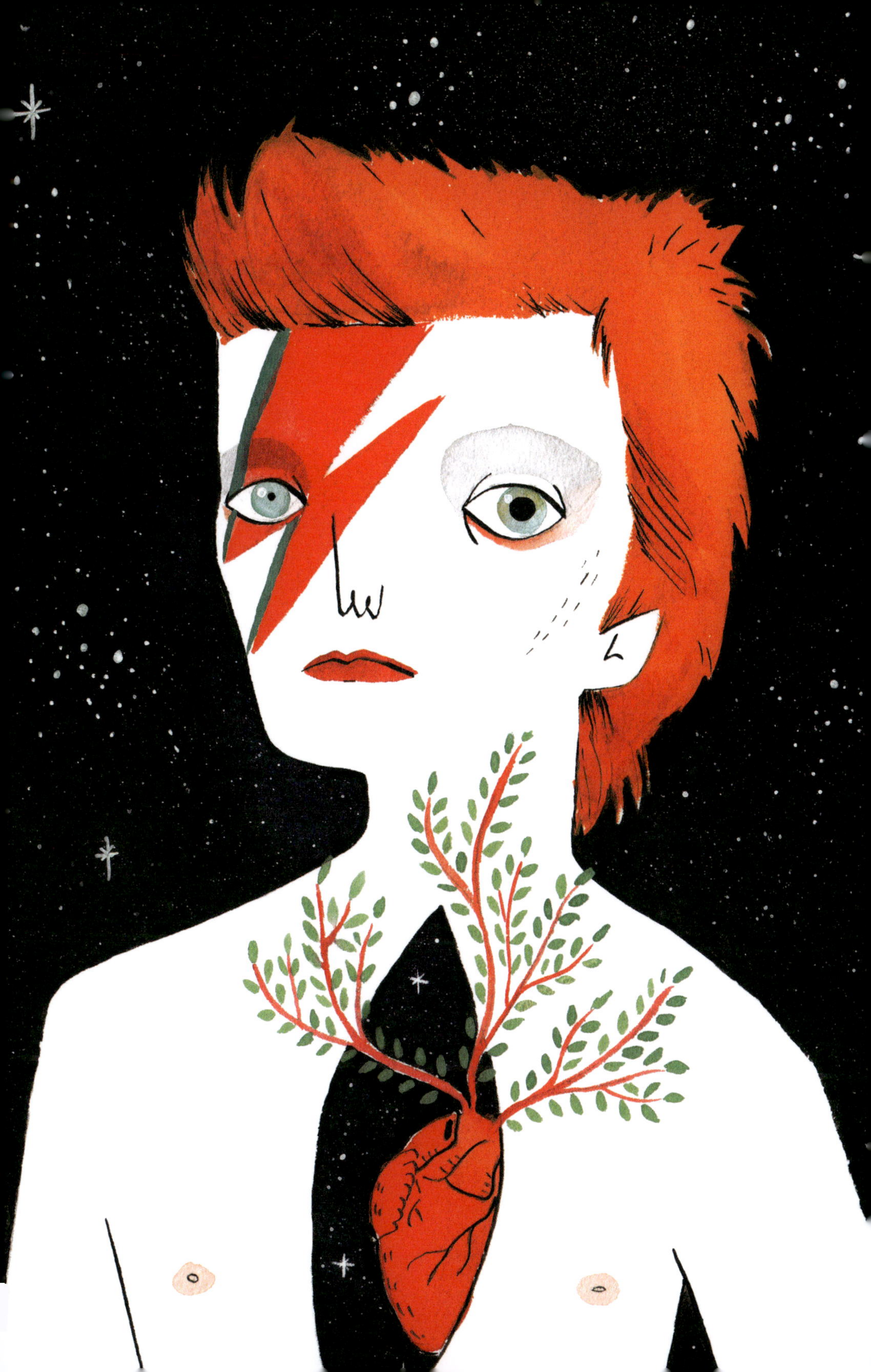

DISCOGRAFIA

David Bowie (1967): a estreia de David Bowie mostra um músico de vinte anos influenciado pelo *music hall* e pela teatralidade de Anthony Newley, e apaixonado por tudo o que Londres tem para oferecer.

David Bowie/Space Oddity (1969): aqui a paixão por Bob Dylan se mistura às primeiras referências à ficção científica. "Cygnet Comittee" mostra seu desencanto com a cultura hippie, e em "Letter to Hermione" Bowie abre seu coração descaradamente, num gesto pouco frequente nele. O single que dá nome ao disco foi o primeiro grande sucesso do artista.

The Man Who Sold the World (1970): a duplicação da personalidade, o super-homem nietzscheano, a ambição e o isolamento. Os grandes temas de Bowie nos anos 1970 já ressoam com força em seu terceiro LP.

Hunky Dory (1971): a primeira obra imprescindível de Bowie reúne canções centradas ao redor do piano, ainda sem abandonar a sensibilidade folk. Junto a ícones como "Changes" ou "Life on Mars?" surgem joias não tão conhecidas como "Quicksand" e "The Bewlay Brothers".

The Rise and Fall of Ziggy Stardust and The Spiders from Mars (1972): teatro kabuki, surrealismo, ficção científica, androginia e bissexualidade. O disco mais célebre de Bowie mostrou que o rock and roll podia chegar a seus níveis mais altos retratando sensibilidades até então marginalizadas.

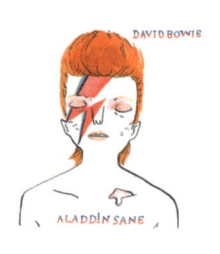

Aladdin Sane (1973): o *glam rock* de Bowie se enriquece com a inclusão de Mike Garson, um pianista de jazz de vanguarda. Novamente Bowie nos apresenta a personagens isolados, esquizofrênicos ou estranhos e a paisagens desoladas pela radiação.

Pin Ups (1973): um disco de versões de canções dos anos 1960 e 1970 que chegou em plena fama de seu criador e por isso fez um grande sucesso. Aqui a colaboração entre Bowie e Mick Ronson chega ao fim.

Diamond Dogs (1974): Bowie abandona definitivamente a purpurina do *glam*. A crise do petróleo coincide com um disco apocalíptico, inspirado na literatura de George Orwell.

Young Americans (1975): a paixão de Bowie pela música negra e tudo que ele conhecia sobre ela explicam o sucesso desse projeto.

Station to Station (1976): gravado quando a mente de Bowie corria o risco de desmoronar. Contém temas alucinados e enigmáticos junto a outros mais diretos nos quais, segundo afirmou mais tarde, ele pedia ajuda aos gritos.

Low (1977): o primeiro disco da chamada "trilogia berlinense" é uma verdadeira declaração de princípios. Sua sonoridade fica mais experimental, e debaixo de uma aparência gélida se esconde um músico que tenta curar suas feridas.

"Heroes" (1977): o único da trilogia que de fato foi gravado inteiramente em Berlim e que está embebido da atmosfera que Bowie encontrou na cidade. Na época, o hino que lhe dá nome passou bastante despercebido.

Lodger (1979): apesar de manter o toque de Brian Eno e o afã vanguardista, Bowie fecha a trilogia com uma incipiente volta a coordenadas mais convencionais.

Scary Monsters... and Super Creeps (1980): um novo sucesso de crítica e de vendas. Bowie contempla sua obra dos anos 1970 e proclama sua intenção de enterrá-la ("Ashes to Ashes") para abrir caminho para algo novo. Em "Teenage Wildlife", reflete sobre seu lugar na indústria do pop.

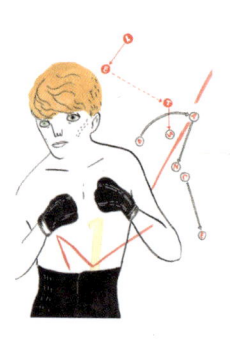

Let's Dance (1983): com um novo contrato e liberado do jugo de Tony Defries, Bowie se aliou a Nile Rodgers para criar um disco concebido para transformá-lo num milionário. Seu aspecto comercial não pressupõe vulgaridade, e os singles que o disco contém continuam sendo clássicos.

Tonight (1984): Bowie se enfiou no estúdio devido a pressões de seu contrato com a gravadora. A ausência de boas ideias e de Nile Rodgers deu lugar a um disco considerado menor. Bowie incluiu versões de músicas de Iggy Pop para que seu amigo, arruinado, pudesse receber alguns royalties.

Never Let Me Down (1987): a canção que dá nome ao disco é um agradecimento à lealdade demonstrada durante anos por sua secretária pessoal, Corinne Schwab, *Coco*. Apesar da natureza espetacular da turnê correspondente ao disco, aqui Bowie é um artista puramente comercial que ficou sem ideias.

Tin Machine (1989): para encerrar a década, Bowie realiza um movimento que muitos acharam estranho: voltar a ser parte de uma banda de músicos supostamente iguais. O cantor declarou que todo o projeto se baseava em acordes simples que proporcionassem aos quatro artistas doses de improvisação e a possibilidade de expressar suas próprias personalidades.

Tin Machine II (1991): o segundo disco do quarteto despertou pouco interesse, e o projeto não iria além. No entanto, o guitarrista Reeves Gabrels continuaria a trabalhar com Bowie nos anos seguintes.

Black Tie White Noise (1993): se Bowie dedicou a maior parte dos anos 1980 a se transformar num milionário, nos 1990 ele tenta voltar a seu tão desejado espírito de experimentação. Esse disco marca o começo desse processo e inclui a canção que dedicou a Iman como homenagem a seu casamento.

The Buddha of Suburbia (1993): o disco, nascido da trilha sonora criada por Bowie para uma produção da BBC, alterna canções acessíveis com alguns dos momentos mais experimentais do artista.

1.Outside (1995): uma nova colaboração com Brian Eno faz Bowie mergulhar numa atmosfera vanguardista, alinhada às artes plásticas contemporâneas. No cerne do disco reaparece a ideia da loucura como força criativa e criadora.

Earthling (1997): Bowie continua demonstrando seu afã por não ficar ultrapassado subindo no bonde do *drum & bass*. "Telling Lies" é uma profecia enigmática voltada para a virada do milênio. "I'm Afraid of Americans" transformou-se num sucesso que parecia refletir a sensação de muitos terráqueos.

'hours...' (1999): pouco antes da virada do século, Bowie, feliz na vida real, assume um novo disfarce: o do homem maduro que passa por uma crise vital. Foi o primeiro disco de um grande artista pop disponível para download na internet.

Heathen (2002): embora tenha sido visto como um disco influenciado pelos atentados do 11 de setembro, na verdade ele contém a reflexão que Bowie dedicou à cultura ateia nascida com Freud, Nietzsche e Darwin.

Reality (2003): apesar de, numa primeira audição, esse disco parecer mais energético do que o anterior, em alguns momentos ele é igualmente melancólico. A turnê mundial que se seguiu a seu lançamento acabaria sendo a última da carreira de Bowie.

The Next Day (2013): lançado depois de um longo período de silêncio e pegando todo mundo de surpresa, Bowie se mostra, pela primeira vez, alheio ao sistema de lançamento e divulgação e, portanto, centrado simplesmente em suas próprias inquietações.

(Blackstar) (2016): se em *Station to Station* Bowie encarou o abismo da loucura, aqui ele espreita sua própria mortalidade. O resultado, como disse seu amigo e produtor Tony Visconti, mostra "um artista na plenitude de suas habilidades".

BIBLIOGRAFIA

Os versos manuscritos da página 22, de Manuel Machado, podem ter inspirado a primeira estrofe da canção "Rock and Roll Suicide".

Livros

BOWIE, David. *Canciones I*, tradução de Alberto Manzano. Madri: Fundamentos, 1998.

BOWIE, David. *Canciones II*, tradução de Alberto Manzano e Xavier Buendía. Madri: Fundamentos, 1987.

BUCKLEY, David. *Strange fascination. David Bowie – The definitive story*. Londres: Random House UK, 2005.

BROACKES, Victoria e MARSH, Geoffrey. *David Bowie is inside*. Barcelona: Malpaso Ediciones, 2017.

CRITCHLEY, Simon. *Bowie*. Madri: Sexto Piso, 2016.

HEWITT, Paolo. *Bowie*. Barcelona: Blume, 2016.

SANDFORD, Christopher. *Amando al extraterrestre*. Madri: T&B, 2016.

TRYNKA, Paul. *Starman. La biografía definitiva*. Barcelona: Alba, 2016.

Documentários

Bowie: The Man Who Changed the World. Screenbound Productions, 2016.

Changes: Bowie at Fifty. BBC Two England, 1997.

Cracked Actor: A Film about David Bowie. BBC, 1975.

David Bowie: Five Years. BBC, 2013.

David Bowie: The Last Five Years. BBC, 2017.

Discografia

BOWIE, David. *VH1 Storytellers*. EMI, 2009.

Entrevistas

Programa *Charlie Rose*, apresentado por Charlie Rose e transmitido pela PBS (Public Broadcast Service) nos Estados Unidos, em 31 de março de 1998.

Webgrafia

Pushing Ahead of the Dame. https://bowiesongs.wordpress.com/

AGRADECIMENTOS

A Mireia, que cuidou de mim como uma amiga, irmã e mãe durante o tempo em que foi minha editora.

A Cristina G., a Fran R., a Ana C., a Noemí A., a Javi J., a Lucía A., a Miguel J., a Jesús B. e a Raquel E., amigos que sempre estão por perto, que aguentaram meu choro e minhas aflições, me incentivaram e sempre acreditaram em mim. Que me fazem manter os pés no chão.

A Laura Agustí e a Rebeca Khamlichi, com quem dividi a gestação e o parto do livro. Que sorte tê-las por perto para extravasarmos juntas! Sempre aprendo com vocês.

A Alfonso, que continua a me pegar pela mão e a me incentivar.

A Fran, o autor do texto deste livro, por me ensinar a gostar de David Robert Haywood Jones. E pelo carinho dedicado à criação do livro.

A minha mãe: sempre vou agradecer a você, não há ninguém que acredite mais em mim do que você.

María Hesse

A Blanca Ladrón, por me lembrar que escrever um livro era algo que eu tinha de gostar de fazer.

A Cristina Ladrón, a Iñaki Pérez e a Antonio Berrocal, por seus conselhos e por tantas risadas com *Stranger Things* ao fundo.

A Guillermo Laín Corona, por me ajudar com os mecanismos da língua espanhola. E por todo o resto.

A Carmen Sales Delgado, por me orientar nesta tradução.

A María Hesse, ilustradora e amante dos gatos, por decidir que eu era a pessoa adequada para adotar o disfarce de David Bowie.

A minha família, por acolher um alienígena em seu seio. E pela paciência infinita que tem com ele.

A Marta, por melhorar o texto com suas sugestões. E por me fazer melhor.

FRAN RUIZ

A Lola Martínez de Albornoz, por seu heroico trabalho de edição. E por sobreviver, junto conosco, à loucura que parece impregnar tudo o que está relacionado a Bowie.

E a David Robert Haywood Jones, por nos levar além do arco-íris.

MARÍA HESSE e FRAN RUIZ